はじめての経済思想史
アダム・スミスから現代まで

中村隆之

講談社現代新書

2482

はじめに

よいお金儲けと悪いお金儲け

「お金儲けは、悪いことですか？」

そう尋ねられたら、みなさんはどう答えるだろうか？　経済学の父アダム・スミスならば、つぎのように答えるだろう。

「お金儲けは、よい場合と悪い場合があります。努力して他の人を喜ばせ、その結果としてお金を儲けるのはよいことです。一方、お客さんをだましたり、仲間と値段をつり上げたりして儲けるのは、悪いことです」

この答えは常識的であり、おそらく異論はないだろう。そして、このお金儲けの区別は、経済学とは何かを理解するのに役に立つ。よいお金儲けをできるだけ促進し、悪いお金儲けをできるだけ抑制することで、社会を豊かにしようという学問、それが経済学である。

経済学の始まりであるアダム・スミスは一八世紀の人なので、その歴史は二五〇年ほどである。その間、何人もの偉大な経済学者がいるし、経済のあり方も変わってきている。けれども、大きな問いは変わっていない。どうすればよいお金儲けを促進し、悪いお金儲けを抑制できるか、である。経済学の歴史は、さまざまな悪いお金儲けが力を持ってしまうたびに、それに対抗する手段を講じていくというかたちで展開されてきた、と言えるだろう。

現代的な言葉で言えばブラック企業ばかりとなり労働者階級が苦しんだ一九世紀には、会社のお金儲けのあり方を問い直す経済学が生まれた。また、庶民が豊かになり、貯蓄をしたい人は多いが、自分で事業を展開する意欲を持っている人は少ないという状態になった二〇世紀には、お金を持っているだけで儲かる利子という稼ぎ方を問い直す経済学が生まれたのである。

私は経済学の歴史を、やや単純化しすぎているのかもしれない。しかし、本書では、あえて経済学の歴史を一筋のストーリーとしてとらえたいと思う。なぜそうするのかというと、その一筋のストーリーから、経済学の歴史に一つの方向性を見出したいからである。

それは、よいお金儲けのとらえ方の変化である。経済学は、はじめにおいて、富を「持っている」人のお金儲けを、適切な競争のなかであるかぎり、よいことと考えていた。富を持っている人が自分の財産を賭けてお金儲けに挑戦する場合、慎重に持っている知識を活かす（無駄遣いしたりはしない）からである。だが、実際には、富を持っている人が、その富を適切に有効に活用するにふさわしい資質を持っているとはかぎらない。

経済学の歴史では、つねにそれが問題となった。そして、「富の所有者がお金儲けで活躍するのがよいこと」という考え方はだんだん退き、「富を活用する知識と意欲を持った人たちが活躍するのがよいこと」という方向へと進んできたのである。

思想史を頼りに今を考える

こうした歴史の大きな方向性をとらえることは、現在を生きるわれわれにとって、きわめて重要な意味を持つだろう。

例えば、二〇〇八年の投資銀行リーマン・ブラザーズの破綻を契機とする世界金融危機は、多くの人に「経済システムはこのままで大丈夫なのだろうか？」という疑問を抱かせた。お金を持っている人がお金を増やすマネー・ゲームに興じ、儲けるだけ儲けた後に最後に残った損失のツケを政府が肩代わりしたのだから、庶民の感覚からすれば「まとも」な経済ではない。なりふり構わぬ財政支出拡大と政府の借金肩代わりで何とか急場をしのぎ、一九三〇年代のような大恐慌にならず、経済は落ち着きを取り戻しているかのように見える。しばらく経ってみると、「まともではない！」と感じた違和感や怒りは、日常にかき消されてしまう。

しかし、ここで経済学の歴史的な方向性を思い出すべきだ。お金を持っている人が誰の役にも立たず、ただそれを増やすだけのお金儲けをすることは「悪いお金儲け」であり、経済学はこれを封じる方向で考えてきたのだ。世界金融危機以前に我がもの顔で巨額のお金を動かし、莫大な報酬を得ていた金融エリートたちは、人びとの生活をよりよいものにする知識を持っているわけではないという点で、もはや主役ではないはずの人びとだったのだ、と。

われわれはどういう時代に生きていて、どのような方向に向かえばよいのか？　それを考える人びとにとって、思想史ほど頼りになるものはない。これまでどのように考え、どういう方向に向かっているのかを知ることで、はじめてエセ常識や惰性に抗して、ほんとうの意味で「考える」ことができるのである。

億単位のお金をひらひらと動かす金融エリートたちや、証券会社から上等の扱いを受ける大金持ちたちなど、普通に働くわれわれ庶民には縁のない世界だと思われるかもしれない。だが、富を持っている人（所有者）と富を活用する人（労働者＝大きな富を持たない庶民）の関係は、普通に働く人の生き方に大きな影響力を持っている。

電機業界で働く普通の会社員を考えよう。会社の従業員であれば、働くことによって会社の所有者（株主）の利益に貢献している。けれども、普通はそれは意識されない。働くことは自分の生活のためであり、お客様が喜ぶ電機製品を生み出して、社会の利益に貢献していると思うのが普通である。例えば、高度成長期にテレビ・冷蔵庫・洗濯機を世に送り出した電機会社の社員は、まさに人びとの生活をよりよいものにする最前線にいるという誇りと充実感を持って働けたことだろう。

では、現在はどうであろうか？　表面的に見れば、高度で便利な電機製品をつぎつぎと世に送り出して、お客様の喜びを生み出している。また、消費者と会社の利益だけでなく、社会に責任を負った企業であるとして、CSR（Corporate Social Responsibility：企業の社会的責任）をアピールしてもいる。だが、自分たちの働きが真に人びとの生活をよりよいものにしているという実感を持てるだろうか？　高画質の大画面テレビを売り出せば、「おっ、きれいだね」と少しぐらいは驚いてくれるかもしれない。しかしそれは一瞬のことであり、別にテレビなど昔のままでも生活の質は変わらないのである。電機会社の人も生活者であり、それぐらいのことはわかっている。ほんとうはもっと別の、真に生活をよくする電機製品作りをしたいと心の底では思っているに違いない。でも、デジタル放送だ、4Kだと技術を更新することで得られる利益——強制スクラップによる需要創出——には抗《あらが》うことはできない。

私の仕事は、消費者に無駄に高度な製品をつかませることではない。私の仕事は、ほんとうの意味で生活をよくする製品を作ることだ。だから、会社をその方向に向けていこう。そう言いたくても言えないのはなぜか？　なぜ、社会に向き合う心を偽らなければならないのか？　あるいは、偽っていることすら忘れなければならないのか？　その根源には、会社はその所有者＝株主の利益のための器であるという大前提がある。現状、働く者はその器のなかでしか働けないのである。

富の所有者の「利益を上げるべし」という指令と、富の活用者＝働く者たちの価値を生み出す力の関係。ここが経済学の最前線である。思想史はこの最前線にいたるまでの道筋を照らす。それは、富の所有者のお金儲けが主役であった経済学のはじまりから、富を活用するにふさわしい者こそが主役になっていく、対して所有者が主役から後退していく、という大きな流れを持っている。この経済思想史の大きな流れを知ることは、われわれがこれからを考えるための糧となるだろう。

「所有者が主役から降りていく」歴史

私が経済学の歴史のなかで採りあげる経済学者は、スミス、J・S・ミル、マーシャル、ケインズ、マルクス、そしてハイエクとフリードマンである。大まかな筋道を、最初に示しておこう。

スミスは、資本主義経済を、著しい格差があり、報酬と努力の比例性という観点からは公平ではないけれども、肯定的に評価した。働いて価値を生み出す力と、富の所有者がどこに資源を投下するかを決定する力が、両輪として作用して豊かさをもたらす経済を考えていたからである。だが、彼は、お金儲けや格差を無条件に肯定したのではなかった。スミスの思考をたどれば、資本主義経済を肯定するための――つまりお金儲けが「よいお金儲け」であるための――道徳的条件があったと読み取ることができる。このスミスの条件が、その後の展開を理解するカギになる。

ミル、マーシャルは、お金儲けがスミスの道徳的条件を逸脱し、労働者をフェアに扱わなくなった現実に直面した。そこで、彼らは、労働者をフェアに扱うような事業経営者の像を示した。道徳的な資質を持った人間にお金儲けの主役になってもらうことで、スミスの条件を回復しようとしたのである。

ケインズは、「お金を持っている人」と「お金を実際に活用する人」が別々になった世界に直面した。資産所有者のお金儲けは、事業経営者のお金儲けとは質が違う。事業経営者は働く力を引き出して価値を生み出し、お客さんが喜ぶことを通じてお金を儲けるけれども、資産所有者のお金儲けはそうではない。そのような世界では、スミスの条件が満たされない。資産所有者のお金儲けが、事業経営者のよいお金儲けを邪魔する。そこで、ケインズは、資産所有者のお金儲けが課する制約を除去するために、大胆な改革――ケインズ政策――を提唱した。このケインズの処方箋も、「よいお金儲け」の条件を作ることであり、スミスの道徳的条件を回復するためと位置づけることができる。

つぎに採りあげるマルクスは、ミル、マーシャル、ケインズと同じく、スミスの道徳的条件を回復しようとした経済学者である。マルクスは一九世紀の人であり、ミルとほぼ同時代を生きた。ケインズの方がマルクスより後――マルクスが一八八三年没、ケインズが同年の生まれ――である。にもかかわらず、叙述の順序を逆にしたのは、マルクスのなかにミル、マーシャルおよびケインズの問題意識を克服するヒントが見出せるからである。

マルクスは、スミスの条件が満たされなくなる究極の原因は、「私有」財産権にあると考えた。その「好き勝手に使ってよい」という権利が、社会性を無視して暴走するからである。マルクスは、「私有」を乗り越えた先にあるものとして、「個人的所有」という概念を提起している。これが、所有者が主役から降りた世界のあり方を示している。

本書では、スミスからミル、マーシャル、ケインズ、マルクスとつづく叙述で、「所有者が主役から降りていく」という経済思想史の大きな流れを摑む。しかし、読者は疑問に思うかもしれない。ほんとうにそうした大きな流れで摑んでいいのだろうか、と。

その疑問を整理すると、つぎのような考えであろう。働く者たちを重視する社会主義も失敗した。雇用保障や機会均等を政府の力で作り出そうとする福祉国家体制も、一九七〇年代に経済パフォーマンスの低下に直面して失敗した。そして、その反省の上に立ち、一九八〇年代以降、市場を重視する新自由主義（ネオ・リベラリズム）が時代の趨勢となっている。労働者の権利や安定よりも、資本の自由な利益追求を肯定することが、格差はあっても活力があり、成長が望める経済を作り出す。この新自由主義の経済観こそ、現在の常識なのではないか？

そのような通説的な「常識」は、たしかに存在する。その「常識」の立場からすれば、所有者は後退などしていないし、するべきでもないということになる。例えば、近年、声高に叫ばれるようになった「コーポレート・ガバナンス」という概念も、会社は所有者である株主のものであるから、株主の利益に反するかたちで会社が資源を浪費させないために、ガバナンスが必要なのだという意味で使われることが多い。そしてそれは、無駄が多く、また都合の悪い情報の隠蔽などをくりかえす悪い会社の体質を変えてくれる

「正しい」ことであると、なんとなく受け止められている。「常識」の力は強い。

しかし、この「常識」は、イデオロギー的な潮流が生み出したものに過ぎない。経済学という学問の根底に流れる基調は、やはり「所有者が後退していく」という方向に向いている。だが、そう主張するだけでは、もちろん読者は納得できないだろう。そこで、「所有者が後退していく」という流れに反対した経済学者——今日の「常識」を作り出した経済学者でもある——の思想にも分け入り、私の描く経済思想史のなかに位置づける必要があるだろう。

そこで採りあげるべきは、自由主義的な経済学を主導したハイエクとフリードマンである。

ハイエクは、分散した知識の利用という観点から、自由な市場経済の重要性を説いた。アイディアはどこに存在するかわからないのだから、それぞれが持っている知識を活用する自由な機会が重要であり、そのためには自由競争市場とそれを支える私有財産権という制度が必要という考え方である。この制度は人間が頭で考えて作ったものではなく、自生的（自然発生的）に生まれた秩序である。この秩序を大事にすることこそが、長期的に見て経済を繁栄させ、われわれを豊かにする。だから、経済に人為的に介入したり、理性で制度設計をしたりしてはならない、というわけだ。

このハイエクの立場からすると、所有者は主役から降りてはならない、ということになる。なぜなら、所有者＝私有財産権者こそが、知識を活用するためのもっとも責任ある行動をとるからである。自分の財産は慎重に使うが、預かり物の財産はそれほど慎重に使うわけではない、というわけだ。だが、この所有者に関する前提は、いまの現実に合っているだろうか？　私はもはや主役ではないはずの所有者に、無理に主役に返り咲くように要請しているように見える。

ハイエクの自由主義が知識論や自生的秩序といった概念に支えられた――思想的な基盤が結構練られた――考えであったのに対して、フリードマンの自由主義はそうでもない。しかし、その「市場は善、政府は悪」と断じる姿勢――私はこれを「市場主義」と呼ぶ――は、歯切れがよく、現実を動かすには大きな力を持った（そして未だに「常識」を支配している）。けれども、「市場主義」という単純思考は、問題の本質から目をそらす危険なものである。そのことを、日本の会社本位主義の問題に対する「市場主義」の立場からの処方を考えてみることで、明らかにしよう。

ハイエクやフリードマンは、「所有者が主役から降りていく」という経済思想史の方向性に合致しない経済学者であり、彼らは本流ではない。それが私の位置づけである。

では、経済学の本流は、最前線において何を考えているのか？　それを明らかにするために、現代の経済理論（組織の経済学）の到達点を説明する。組織の経済学において、所有権者が絶対的な支配者であるという考え方はもはや採られていない。そのことを、会社の所有権者である株主の地位から見よう。

そして、最後に、その到達点——「一応の株主主権」——は、本書の示す経済思想史の方向性——所有者が後退していく——を考えると、乗り越えられるべきものであることを示す。会社の富は、株主の私物ではない。その富は、それを活用する知識と意欲を持った現場の人びとに託されるべきなのである。

富を「資本」として集中させ、それを事業活動の拠点とするやり方は、今後も変わらないだろう。その事業の最終責任者は、もはや事業に直接関係していない「所有者」ではありえない。事業が社会性を帯びているなら、その責任とは損害を引き受けることだけではないからだ。直接関係のない人間に、社会的な責任を負わすことはできない。ならば、事業に直接携わる人に富を託し、富が社会のなかで適切に活用されたことを示す責任を負ってもらうしかない。

私が本書で明らかにしたいことは、経済思想史が示している大きな方向性と、その方向性が指し示す資本主義経済の未来である。

目次

第一章　アダム・スミス——資本主義の道徳的条件

資本主義と道徳性・公正さの両立

アダム・スミス（一七二三〜九〇年）は、各自がお金儲けを追求する自由競争市場を肯定した経済学者として知られている。しかし彼は、完全に自分の利益しか考えない利己的な人間像を持っていたわけではない。スミスは『道徳感情論』（一七五九年）の著者でもあり、社会秩序を考えるときに「道徳性」や「公正さ」を忘れなかった。資本や土地を持つ者とそれらを持たない者の格差が著しい資本主義（この言葉はスミスの時代にはないけれども）の経済において、なおそこに道徳性や公正さが存立するように配慮したのである。

スミスは、資本主義と道徳性・公正さが両立するためには、一定の条件が必要であると考えていた。この「資本主義の道徳的条件」は、後の経済学の歴史を理解するためのカギである。なぜなら、この条件が満たされない現実、つまり悪いお金儲けが力を持ってしまう現実に直面したとき、それにどう対処するかが、後の経済学者たちの課題となったからである。以下の経済学史の叙述は、J・S・ミル、マーシャル、ケインズ、マルクスとつづく。彼らの経済学は、スミスの提示した資本主義の道徳的条件を逸脱した現実に直面し、どうすれば道徳的条件を満たすことができるかを考えたもの、と位置づけられるのである。

では、スミスが考えていた「資本主義の道徳的条件」を理解するために、彼の生涯を概観しよう。

アダム・スミスの生涯

アダム・スミスは、一七二三年にスコットランドのカーコーディ（首都エディンバラとフォースの入り江を挟んだ対岸の港町）に生まれた。父は関税監督官であり、有力者との繋がりも深い野心家であったが、スミスが生まれる前に亡くなった。関税監督官の年収は標準よりかなり高かったので、母はじゅうぶんな遺産をもとにスミスを育てた。

Adam Smith（1723–90）

スミスは、一七三七年にグラスゴー大学に入学し、そこで道徳哲学教授のフランシス・ハチソンから、その進取的で自由を重んじる精神を学んだ。イングランドのオックスフォード大学に留学した後、一七四六年にスコットランドに戻り、四八年からエディンバラでおこなった公開講義が評価され、五一年にグラスゴー大学の教授に就任した（はじめは論理学教授、翌年に道徳哲学教授）。一七五九年、『道徳感情論』を出版し、学問界における名声を確立した。その著書でスミスは、社会の秩序は共感（sympathy）という人間の自然的能力から生まれるものである、と述べた。それは、社会秩序は権威による教導や権力による強制によって形成されるものではないという主張であり、自由を重んじた師ハチソンの考えを継承するものであった。その後、貴族の子弟のヨーロッパ遊学につきそう家庭教師を務めるため、一七六四年にグラスゴー大学を辞職した。

大陸に渡り、スミスはフランスの一流の知識人たちと交流することができた。とくに、「資本」の活動として経済をとらえる視点を持ったジャック・チュルゴーとの出会いは、スミスの経済学に関する著作の構想に大きな影響を与えたと思われる（フランス渡航前からスミスは経済学の著作＝『国富論』の準備をしていたけれど、そこに資本の活動として経済を見るという観点はない。したがって、『国富論』における資本主義的な経済観は、チュルゴーの洞察を取り入れることによって生まれたと言える）。

一七六六年に故郷カーコーディに戻り、経済学の著作『国富論』の執筆に専念した。そして、当時の最大の時事問題であるアメリカ独立問題――植民地アメリカ一三州の本国イギリスからの独立――の最新情勢を踏まえて書き加え、一七七六年三月に出版した。『国富論』は二巻セット（約一一〇〇ページ）の大著であったが、その深い洞察にもとづいた自由主義的なメッセージは説得力があり、世間から大きな反響――『道徳感情論』以上の――をもって迎えられた。

一七七八年にはスコットランドの関税委員（高級官職）に任じられ、その職を誠実に勤勉に務めた。その一方で、スミスは思索をつづけ、『道徳感情論』を第六版まで、『国富論』を第五版まで改訂した。

スミスが遺した著作は少ない。まとまった著作は『道徳感情論』『国富論』の二つ、あとはグラスゴー大学時代の学生の講義ノートと遺稿をまとめた『哲学論文集』だけである。だが、その深い哲学的な思索には普遍性があり、だからこそ偉大な経済学者として参照されつづけている。

富める国とは何か――重商主義への疑問

『国富論』の時代背景を説明しよう。スミスが生まれる少し前の一七〇七年、スコットランドは工業生産力でも軍事力でも勝る強国イングランドと合邦していた。そのイングランドは、隣の大国フランスとの覇権争いで頻繁に戦争をしていた。一七〇一年から一四年にスペイン継承戦争、四〇年から四八年にオーストリア継承戦争、五六年から六三年に七年戦争があり、それはヨーロッパでの戦争であると同時にアメリカでの植民地争いをともなった。

なぜそれほどに戦争をしたかというと、それが国を富ませる道であると考えられていたからである。軍事力を強化して植民地争奪戦に勝ち、独占事業を中心とした植民地経営から大きな利益を上げるのはよいことだ。また、海外事業からの稼ぎによって国内に金銀を流入することで貨幣の循環が促進されて経済が活性化する、という理屈である。後に「重商主義」と称されるその政策は、スペインとポルトガルが覇権を争っていた大航海時代から、形は変えつつもヨーロッパの国々の経済政策の基本であった。強者であること、支配者であること、そしてそれによって金銀を稼ぐことで国を富ませるという発想は、ある意味で常識的でもあった。

イングランドはたしかに強い国であった。しかし、その強い国を維持するには多額の軍事費が必要であった。度重なる戦争により財政が悪化したので、イングランドはその負担をアメリカ植民地に課税で負わせようとした。植民地の人びとはそれに反発し、一七七五年、イギリスに独立戦争を挑むことになった。

重商主義政策によって国を富ますという大方針、つまり「強者＝支配者」になることで国は富むという考えは、まちがっているのではないか？　それがスミスの経済学のテーマである。その問題にスミスは、「そもそも国の富とは何なのか」という根本から考えていこうとした。

国を富ませる原理①——自由競争市場の公正な評価が庶民の力を引き出す

ある国が富んでいるとは、どういうことか？　他国を支配する軍事力が、その国を富ませるのだろうか。あるいは、貿易によって他国から金銀を稼ぐことが、その国を富ませるのだろうか。

スミスは、このどちらもまちがいであるという。富める国の源泉は外から来るのではない。富める国とは、豊かな生産力を持ち、それを消費することで、人びとがよい暮らしができる国である。だから、その源泉はその国の内側、つまりその国の人びとの勤勉な労働にある。庶民が一生懸命に働き、人びとの暮らしを豊かにする財・サービスを生み出せている国が、富んだ国、豊かな国なのである、とスミスは主張する。

そうであるならば、ある国の豊かさにとって重要なことは、労働によってどれだけの財・サービスを生み出せるか——労働生産性——である。少ない労働時間でたくさんの有用な財・サービスが生み出せる国は、富んだ国である。では、何が労働生産性の高低を決めるのか？　労働生産性を高めるカギは「分業」である、とスミスは考える。

スミスは『国富論』でピン製造工場における分業を例に挙げている。針金を伸ばしたり、真っ直ぐにしたり、切断したり、尖らせたり、頭をつけるために先端を削ったり……。ピンを作る工程は一八に分割されている。それぞれの工程に習熟していない人が一人ですべてをおこなおうとすれば、一日に一本のピンも完成できないだろう。だが、これらの工程を分かち持ち（スミスが見た工場では一〇人でおこなっていた）、それぞれが習熟した作業をこなせば、一日に四万八〇〇〇本、つまり一人あたりで四八〇〇本も生み出せるのである。

これと同じ原理が、社会全体でも起きている、とスミスは考える。つまり、人びとが異なる職業に従事し、それぞれに専門的知識・技術を習熟することによって、全体として豊かな生産が可能となるのである。社会的な動物である人間は、分業し、異なる才能を伸ばし、その互いの成果を交換することができる（こうした交換は他の動物にはない人間だけの行動である）。スミスはそれを「才能の差異を社会の共有財産にする」と表現している。

できるだけ仕事を細分化した方が狭い分野に集中できるので、専門的知識・技術は深まるだろう。しかし、いくらでも細分化すればよいというものではない。分業の程度（どれぐらい仕事を細分化するか）は、需要の多さに制約される。例えば、一〇〇人の共同体内でも分業はおこなわれるだろうが、消費量が限られているので、細分化して多くを生産しても無駄になってしまう。一〇〇人の村のなかの一〇人が一日四万八〇〇〇本のピンを作っても、その村のなかでは使いきれない。つまり、広く交換できなければ（狭い共同体のなかだけの交換ならば）、分業の力はじゅうぶんに発揮できないのである。貨幣を媒介とする交換、つまり市場は、広く交換することができる仕組みである。市場では、社会の多くの人を相手に自分の生産物を売ることができる。

市場を介してそれぞれの人が別々の才能を伸ばしていくことで、全体として豊かになる。これがスミスの豊かな国のイメージである。そのためには、それぞれの人の努力が公正に報われなければならない。頑張っても報われない——例えば奴隷のようにこき使われるだけ——ならば、才能を発揮する努力自体がおこなわれないだろう。

では、市場は、生産に要した努力を公正に評価してくれるのだろうか？　市場が公正であるためには、自由競争が作用していなければならない、とスミスは考える。競争が働いていれば、供給者はできるだけ低価格で顧客に財・サービスを提供しようとする。そうであれば、価格はそれを生産するために投入した努力量に比例する（努力に比して高価格をつければ、競争者〈ライバル〉がより低価格で参入してきて顧客を奪うので、価格は努力に比例するところまで下がる）。かくして、自由競争市場は、個々人がそれぞれ自分の利益を追求しているだけなのだが、結果として各人の努力に対して公正な報酬を与えることになるのである。

スミスの市場のイメージをまとめよう。そこでは、皆が働き、それぞれに自分が儲かるように才能を伸ばしている。例えば、農家は麦を作る能力を伸ばし、大工は家を作る能力を伸ばしている。農家は家の作り方など知らないし、大工は小麦の作り方など知らない。けれども、自由競争市場で供給されているので、それらをリーズナブルな価格で互いに購入することができる。違う才能を伸ばしたことが、社会の共有財産になっている。他者の成果物を購入するためのお金は、自分が努力した成果を自由競争市場で売って得られる。市場は自分の努力をリーズナブルに評価してくれる。つまり、一〇の努力で生産した物を売り、他の人の一〇の努力で生産された物を買うことができるのである。かくして、自由競争市場は、努力の成果物同士を等価に交換し合い、かつ分業による豊かな生産と消費が可能な経済を作り出す。

「共感」が形成するモラル――『道徳感情論』

以上見てきた『国富論』における人間は、自分の利益のために努力して仕事をする。つまり、利己心で動く人間が想定されている。だが、経済のなかで生きる人間は、ほんとうに自分の利益しか考えていないのだろうか？　公共心も利他心もない、我利我利亡者たちの世界が、ほんとうに富める国、豊かな国なのだろうか？

じつはスミスは、経済のなかで生きる人間の性質を、そんなに悪いものとは考えていない。その点を理解するために、スミスのもう一つの著書である『道徳感情論』について触れておきたい。簡単に要約しよう。

『道徳感情論』の目的は、先に述べたように、人間には社会秩序を形成する自然の能力がある——秩序のために権力の強制や権威の教導を必要としない——と示すことであった。スミスは、モラルという秩序の形成において「共感」が重要な役割を果たしていることに注目した。

人間は誰でも、他者の感情に「共感」する能力を持っている。うれしい・悲しいと感じている人を見れば、そのうれしさ・悲しさを自分のなかに感じることができる。相手の事情をよく知れば、そのような事情ならばうれしい・悲しいと感じるだろうと想像できるので、さらに共感できる。同じ感情を持てることは喜ばしく、共感された相手もわかってくれることをうれしいと思う。人間にはこのように共感し合う能力が備わっている。

相互に共感し合う人びとは、つぎのようにモラルを形成する。AがBの苦境を見てBを助ける行動を取ったとする（例えば、電車のなかで席に座っているAが、立って乗っている苦しそうなBを見て、自分の席を譲ったとする）。AとBの様子を見ていた観察者Cは、Aの取った行動に対して、なるほど私でもそうするだろう、あなたのおこないに私はついていける、と感じるだろう（逆に、同じ状況でAが席を譲らなければ、私なら譲る、あなたのおこないに私はついていけない、と感じるだろう）。観察者CはAの行動をモラルの観点から評価しているのである。Aは観察者に認められることをうれしいと思うだろうし、逆に観察者が認めなければ、心苦しいと思うだろう。社会生活をおこなうなかで、人びとはこのような「見る」「見られる」の関係を相互にくりかえす。そして、自然と観察者から共感されるような行動を取るようになる。これが、社会に生きる人間の従うべき規範＝モラルを形作る。「見られる」ことでその人のなかにモラルが形成されてくると、実際に見られていなくてもモラルに従った行動を取るようになる。つまり、公平な立場から道徳的評価をおこなう観察者を自分の心のなかに作り出し、この公平な観察者に共感されるように行動するのである。

このモラル形成の過程は誰にでも起こっていることであるから、スミスが考えているモラルとは「普通の人間」の行動規範である。特別に道徳的で、平均よりも利他的な人間の規範（理想としての規範）ではない。それは、普通の人間がモラルある行動をとる理由を考えてみればわかる。

席を譲る例で言えば、普通の人の心理は、「Bが困っているから譲ってあげよう」という真に道徳的な動機と、「譲りたくはないけど、他の人の目もあるし譲った方がよいだろう」という「見られている」立場からの動機が混ざっているだろう。人によってその混ざり具合は異なる。真に道徳的な動機が強い人は、当然、モラルに従った行動をとる。だが、たとえ「見られているから」という動機の方が強い人——平均よりも真の道徳性が低い人——であっても、悪い人と見られたくないので、やはりモラルに従った行動をかなりの程度で取るのである。

以上のようにスミスは、「共感」という誰にでもある能力から、モラルという一定の秩序が自然に形成されることを示したのである。

お金儲けの道と徳のある生き方は両立する

さて、では、このモラルを持った『道徳感情論』の人間像と、『国富論』のお金儲けを追求する人間像は、どのように関係しているのだろうか？

モラルの世界と経済の世界に共通しているのは、どちらも相互評価をしているということである。日常世界での行動は、それがモラルに従っているかどうか、周りの評価にさらされている。一方、経済活動によってお金を稼ぐとき、売り手は買い手からの評価にさらされている。買い手は、売り手が優れた商品をリーズナブルな価格で提供しているかを見ている。この買い手の評価において重要なのは、売り手が「フェア・プレイの精神」に則っているかである。
お金儲けしたいという欲求自体は誰にでもあるものであり、それ自体は互いに肯定している。けれども、そのお金儲けのやり方が公正（フェア）でなければ、買い手としては評価できない。ライバルよりも努力し、よい商品をより安く提供するという競争――これがフェアな競争――において、優れた売り手を買い手は評価する。そうではなく、取引相手を欺いたり、ライバルの活躍を妨害したりして儲けようとするならば、買い手はそれを評価しない。経済がこのような評価の世界であることを、スミスは『道徳感情論』のなかで述べている。

富・名誉・地位をめざす競走をしている者は、競争相手に勝るためにあらゆる神経と運動能力を使って、可能なかぎり懸命に走ってよい。だが、彼がもし競争相手の誰かを押したり、投げ倒したりしたら、観察者の寛大さは完全に終了する。それは、フェア・プレイの侵犯であり、観察者が決して許さないものなのだ。（スミス『道徳感情論』第二部第二編第二章、訳一六五ページ＊。引用部分の訳文は、翻訳書に従ったものではない。本書では、翻訳書に従っていない訳文の場合、翻訳書のページの後に＊を付ける。以下同）

経済の世界でお金儲けをするためには、お客さんが喜んで買うものが何かをつねに探し、それを提供できるように自らの能力を磨かなければならない。また、喜んで買ってくれるように、普段から人びとに愛想よく接し、誠実な人柄であると信頼されなければならない。

このように自由競争市場のなかで評価されるように行動する人間は、もちろん自身のお金儲けを追求しているのではあるが、同時に努力し、誠実に生きるように促されている。他の人から評価されることは、お金が儲かってうれしいし、社会から認められること自体もうれしい。だから、利己心とモラルは相反するものではなく、同じ人間のなかに当たり前のように共存している。誰もがお金儲けを追求する世界は、我利我利亡者たちの世界であるかのように考えれば非道徳的であるが、実際はそうではない。お金儲けは、他者から評価されなければできない。よって、お金儲けの道と徳のある生き方は両立するのである。

もちろん、スミスが想定するのはお客さんの喜びばかり考える特別な善人ではなく、お金儲けをしたい普通の人である。人間は多様だから、お客さんを喜ばすことを自身の喜びとする人もいれば、お客さんが喜ぶことなどどうでもよく、自分がお金儲けできればいいという考えの人もいる。だが、たとえ後者であっても、お客さんが買ってくれる商品を提供しなければ、お金を稼ぐことはできない。また、お客さんに愛想が悪いとか、誠実な商売人ではないと思われても、稼ぐことはできない。だから、真に道徳的な精神を持っていなくても周りの目を気にして電車で席を譲るのと同様に、真にお客さんのためと思っていなくても、お客さんのためになる行動を（心のなかはどうであれ）するのである。

経済の世界がはぐくむ普通の人たちの人間性は、平均的に見ればそんなに悪いものではないだろう、とスミスは見ていた。各自のお金儲けの努力によって築かれる豊かな国は、モラルの観点から見てもそこそこよい国——けっこう多くの人が徳のある生き方をする国——なのである。

国を富ませる原理②——「見えざる手」が資源を有効な方向に向かわせる

ここまでのスミスが考える市場は、皆が働き、その努力がフェアな競争のなかで評価され、庶民の力が引き出される場である。だが、この市場のイメージは重要な点で現実離れしている。というのは、この経済は、投入要素として労働しか考慮していないからである。現実の経済における生産は、「資本」「土地」を投入する必要があろうし、当然それらの投入に対しては「利潤」「地代」という報酬がある。つまり、現実は（スミスの言葉ではないが）「資本主義」なのである。

スミスは、庶民の力を引き出すことが国を富ませる第一原理であると考えていたが、さらにもう一つ、資本主義を適切に作用させることも、国を富ませる第二の原理として重要であると考えていた。

多くの「資本」「土地」を持った者に多くの報酬が与えられる資本主義という経済体制は、労働だけの経済と違い、努力の等価交換は成り立たない。例えば、広大な土地を世襲で相続した大地主は、何の努力をしなくても莫大な地代収入——普通の労働者が努力して獲得する報酬の何百倍、何千倍もの報酬——を獲得できる。つまり、努力の等価交換経済で示された「公正さ」——努力に比例した報酬——は、資本主義経済においては成立しない。それでも、スミスは、自由競争にもとづく資本主義経済を支持している。

スミスが資本主義経済を支持する理由は、「資本」「土地」を持っている者が、もっとも儲かる用途にそれらを向けることで、一国全体が豊かになるからである。

「資本」で考えてみよう。「資本」を持っている者は、どの商売にその資本を使うかを選択する。そして、利潤率の高い産業分野へとその資本を投下するだろう。人びとが多く必要としている財を供給する産業分野は、その必要を満たすまで価格が高い（=利潤率が高い）。儲けを求めてその産業に資本を投下しようとする者が多く現れる。そうすると、供給が伸びていく。供給が伸び、必要が満たされてくると、利潤率は標準的なレベルまで下がる。

一国がより豊かになれば、新たに人びとが欲しいものが出てくる。その人びとが欲しがるものを供給する産業分野の利潤率は高くなるので、そこに資本が集中的に投下されていく。かくして、「資本」を持っている人は、自分の儲けだけを考えてどこに資本投下するかを決めているだけなのに、結果として人びとがもっとも必要としている財・サービスが供給されるように行動している——富める国になるように導いている——のである。スミスが「見えざる手」と呼んだのは、まさにこの機能のことである。

『国富論』において「見えざる手」が登場する一節（この一ヵ所しかない）を引用しよう。


経済活動をおこなうそれぞれの者は、一般に公共の利益を増進しようと意図していない。また、自分の活動が、どれほど公共の利益を推進しているかを知っているわけではない。……彼は自分の資金や努力を、その生産物が最大の価値を持つような方向に使おうとするが、そのとき、彼は、自分自身の儲けだけを意図しているのである。にもかかわらず、彼は……見えざる手（invisible hand）に導かれて、彼の意図のなかにまったくなかった目的［＝社会全体の利益］を推進するようになる。（［　］内は、訳者の補足。以下同）

……自分自身の利益を追求することによって、彼はしばしば、誰かが社会の利益を推進しようと努力する場合よりも効果的に、社会の利益を推進する。公共の利益のために仕事をするなどと気取っている人びとによって、大きな利益が実現された例を、私はまったく知らない。（スミス『国富論』第四編第二章、訳②三〇三〜三〇四ページ＊）

労働だけの世界でも、各自の利益の追求が結果として分業を推進して、国を豊かにした。資本主義経済でも同じように、資本を持つ者、土地を持っている者、労働を持っている者が、それぞれに自分の利益を追求すれば、すなわちそれが社会全体の利益を推進するのである。

この実り豊かな市場の機能が発揮されるためには、やはり自由競争が必要である。すべての産業における参入・撤退の自由、すべての生産要素の参入・撤退の自由があってこそ、「見えざる手」が働く。もしも政府が恣意的な規制や独占許可をすれば、人びとが必要としていないのに儲かる産業分野を作り出したり、人びとが必要としているのに供給が増えなかったりする。それは豊かさの増進を妨害することであるから、スミスは反対するのである。

資本主義経済の「不公正」はどこまで認めるべきか？

ここまで見てきたように、スミスには、国を富ます原理が二つある。第一は、自由競争のなかで各人の努力が公正に評価され、その結果として分業が進み、豊かさが増進されるという原理である。第二は、自由競争のなかで各資源の所有者が利益を追求することで、資源を効率的な用途に向けていくという原理である。

さて、この二つは、両立可能なのだろうか？ 第一原理は、庶民の努力を市場が公正に評価することを前提としている。皆が働く世界（労働しか投入要素がない世界）ならば、フェアな自由競争があれば「努力の等価交換」になるのだから問題ない。だが、先に述べたように、労働以外の投入要素（資本・土地）があれば、努力の等価交換が崩れる。努力が公正に評価されない世界、努力をしてもいない人間が莫大な報酬を獲得する世界で、庶民の力を引き出すことができるのだろうか？

言い換えるならば、持てる者と持たざる者の格差が著しく、本来的に「不公正」な資本主義経済において、その「不公正」はどこまでならば認められるのだろうか？

利子や地代が正当であるための条件

資本主義経済における資本・土地の所有者への報酬——利潤・地代——は、どこまで認められるだろうか？　資本と土地のそれぞれについて、スミスの考えを見てみよう。

スミスは、資本を投下し、事業をおこなっている者が利潤を獲得することを、不公正だとは考えない。たしかに、資本を持っている人は利潤を稼げるし、持っていない人は利潤を稼げないという意味で公平ではない。しかし、ライバルとのフェアな競争を勝ち抜くには、たんに資本を所有しているだけではない努力の投入が必要であろう。その努力の報酬として、利潤は正当である。資本を持っている人は、お客さんを得てお金を稼ぐという競走において、フェアな手段であればできるだけ力走してよいのである。そうすることが社会全体を富裕に導いているから、観察者はそれを正当とみなすのである。

ここで正当とみなされる利潤は、資本の所有者が自分で努力して事業を営んでいる場合の利潤である。親方として職人たちと同じ労働をしている場合は当然、自分で努力しているだろう。そうでなくても、資本の所有者が事業経営に関する努力を投入している場合は、そこから得られる利潤も正当であろう。では、自分では事業を営まず、貸し付けて利子を稼ぐ場合、その利子という報酬は正当なのだろうか？

スミスは、努力に対する報酬という意味では正当ではないけれど、やはり資本を有効な方向に向けるという機能を持っているので、正当と認めている。貸し付ける側はより儲かる貸出先に貸そうとし、その選択によって、社会にとって有益な方向への資本投下を促すからである。

しかし、スミスは、利子を無制限には認めていない。もし利子を高く取ることを認めてしまうと、社会を富裕にする生産的な事業に対してではなく、浪費家や投機家に貸し付けられてしまうからである。「資本」が、社会のことなどどうでもよく、自分さえ儲かればよいという利殖の機械になってはいけない、という意識がスミスにはある。全体の富裕化を推進してこそ利潤は正当、それを促してこそ利子は正当なのである。

フェア・プレイの競争のなかで稼いだ利潤こそが、正当な報酬として認められるという考え方は、労働者の雇い方にも適用される。事業経営者が労働者に対してフェアな賃金を払わないことで利潤を獲得するならば、そういった儲け方は正当とは言えない。アンフェアな条件でならば儲かる分野は、すなわちフェアな条件ならば儲からない分野である。したがって、そこに資本投下することは、社会全体の富裕化に役立っていない。だから、その儲け方——労働者にフェアな報酬を出さず、低賃金でこき使う——は認められないのである。

ここからわかることは、「資本」がフェア・プレイを意識せざるをえない人格を持った人間によって動かされているならば、そこから得られる利潤は正当であるということだ。逆に言えば、「資本」が、労働者・取引先・消費者の目を意識することなく、たんなる利潤獲得機械となってしまうならば、そこから得られる利潤（および利子）は正当とは言えない。それは、認めることのできない「悪いお金儲け」なのである。

したがって、スミスは、現実のお金儲けが正当な範囲にとどまるために、競争をフェアにおこなうための規制（供給者同士の結託禁止など）や、貸付資本に関する高利禁止制度の必要性を主張する。

つぎに、土地からの収入＝地代の正当性について、スミスの考えを見てみよう。

地代も、先に見た利子と同じく、努力に対する報酬ではない。したがって、利子のときと同じく、努力の観点からではなく、全体の富裕化を促進するという機能面から正当化することになる。土地の所有者は、その土地をもっとも よく活用し、最大の利益を上げるであろう借手を選んで貸すだろう。そのことによって、土地は社会にとってもっとも有益な方向に使われることになり、全体としての富裕が促進される。よって、土地所有者の地代は、正当な報酬として認めるべきである（広大な土地を相続する貴族は、何の努力もなく、莫大な収入が得られるため、その土地を有効に活用しようとする能力も意志もない可能性がある。だが、それでも、スミスは、中規模・小規模な土地所有者が、その土地を活用しようとすることによる少しずつの改良を信じていた。そしてスミスは、貴族の大土地所有に関しては、一人がほとんどすべてを相続する当時の制度〈限嗣相続制〉を改め、分割相続にするべきだ、と述べている。そうすることで、土地を活用しようとする能力と意志を持った人間が所有者になるからである）。

全体の富裕化

かくして、スミスは、資本主義経済（資本の所有者が利潤を稼ぎ、土地の所有者が地代を稼ぐ体制）を肯定した。努力に比例した報酬にはならないという意味では不公平だが、それでも全体の役に立つ努力や選択をしているのだから、利潤や地代という報酬は正当である。資産を持たない庶民にとっても、長い目で見れば、資本と土地の利益追求活動の成果により、生活水準が上がっている。市場経済が発達した国の貧しい人びとの消費内容と、原始的な部族共同体のなかの王の消費内容をくらべてみればよい。文明のなかの最小限の生活の方が、野蛮のなかの王の生活よりも上である。だから、自分が庶民でも不平を言う必要はない。市場は普通に働けば標準的な生活の糧を与えてくれるし、普通以上に努力すればそれに応じて報いてくれる。だから、「こんな不公平なゲームはやってられない」とへそを曲げるより、自分の努力で稼ぐことを選ぶだろう。かくして、資本主義の不公平さは、庶民の力を引き出せなくなるほどではないのである。

利潤・地代の正当性について、まとめておこう。利潤も地代も、全体の富裕化に役立つならば正当である。正当でないのは、フェア・プレイの精神とも全体の富裕化とも切り離

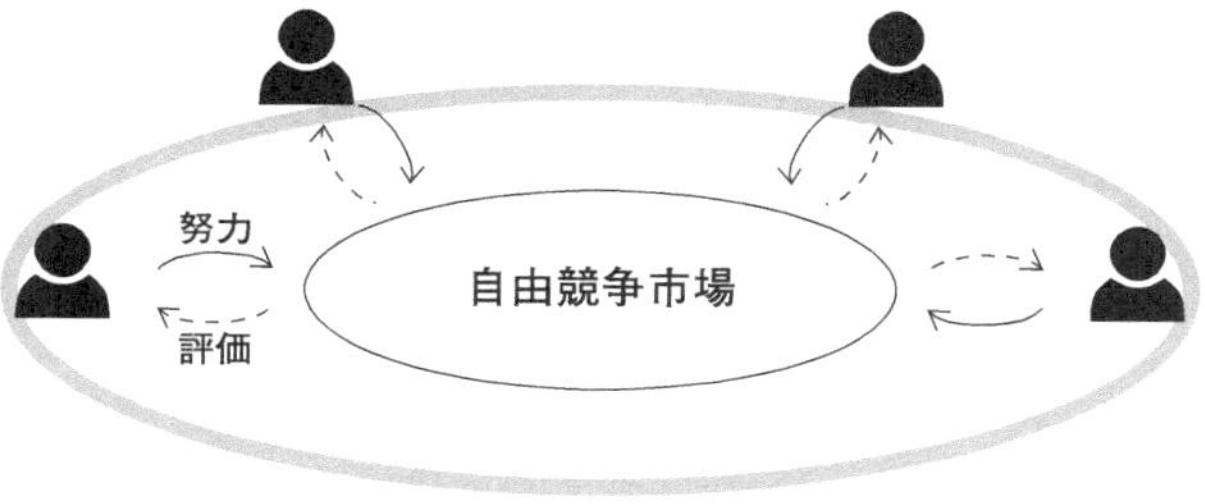

図1-1　スミスの「努力の等価交換経済」

された、他者のことなどどうでもよいと考えておこなわれる利益追求である。それは「悪いお金儲け」であり、認めることはできない。

強者と弱者の共存共栄

ここまでの議論を整理しておこう。スミスは、お金儲けをしたい、よい生活をしたいという基本的な人間の欲求を肯定した。自らの働きによって稼ぐ大部分の人びとにとって、それはお客さんの喜びを探し、喜びを提供できる能力を磨くことによって達成されるものなので、お金儲けの道と徳のある生き方は両立する。こうして、各人が異なった能力を伸ばしていくことが分業を促進し、生産性を向上させ、富める国を作り出す。これを実現する舞台が、努力にフェアな報酬を与える「自由競争市場」である（図1－1参照）。

この「努力の等価交換経済」という経済像は、すべ

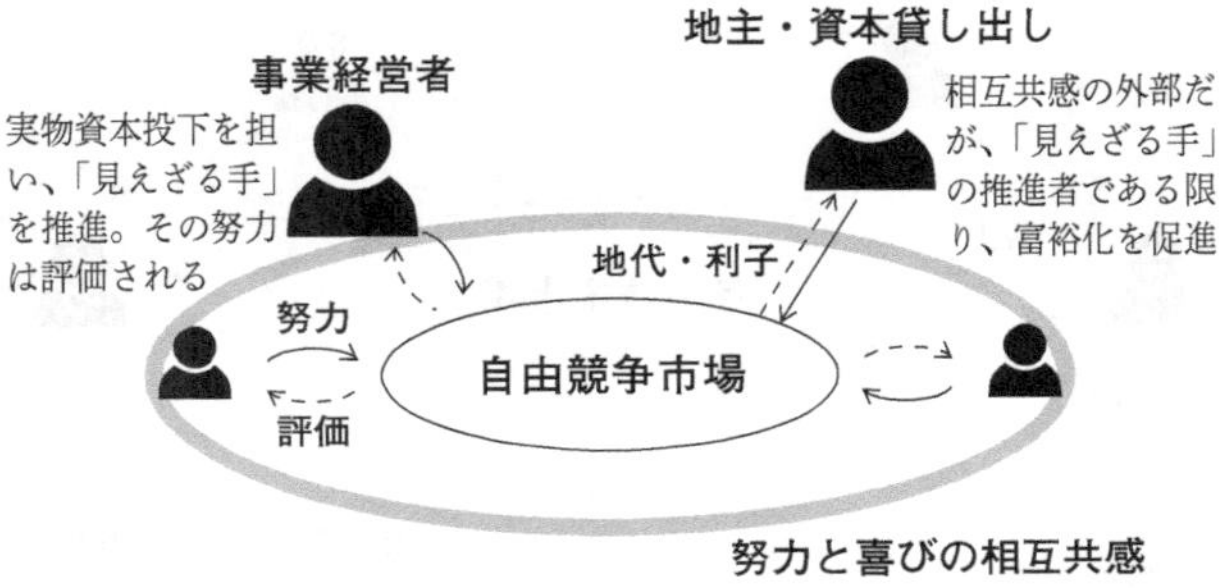

図1-2　スミスの「資本主義経済」

ての人が働いている世界であり、現実ではない。現実は、資本と土地を持った人びとが、それにもとづく報酬である利潤と地代を獲得する「資本主義経済」である。

資本主義経済は、利潤や地代は、報酬が努力に比例しなくなるという点では不公平だが、フェア・プレイの競争のなかでの稼ぎであれば、全体の富裕化を促進する機能を持っているので正当化される。それは広い意味でフェアであり、少なくとも働く庶民（大部分を占める一般庶民）がばかばかしくてゲームを止めてしまうということはない。かくして、自由競争市場は、公正に評価されることで引き出される働く庶民の力と「見えざる手」の機能の両輪によって、富める国――豊かな消費を可能にする国――を作り出す（図1-2参照）。

さて、このようにスミスは、国の富とは何か、富を増やすにはどうすればよいかという問題に、人間本性や市場の機能といった根本からの考察によって答えた。そもそもこの問題を考察したのは、時論として、重商主義政策という当時の大きな流れに反対するためであった。そこで、スミスの重商主義に対する批判を見ることで、彼の経済観に含まれる「強者と弱者のあるべき関係」を確認しておきたい。

重商主義政策とは、貿易差額(輸出額マイナス輸入額)を稼ぎ出すことが国を富ますという考え方にもとづき、安く買い、高く売るための植民地を獲得したり、輸出産業の振興に力を入れたりするものである。当時のヨーロッパ諸国はこの考え方にしたがっており、とくに覇権争いをしていたイングランドとフランスは、多大な軍事費をかけてまでこの路線をつづけていた。

スミスは、この重商主義政策を、国を富ますための最善の道から外れているとして批判している。国を富ます最善の道は、自由競争市場によって各人の能力を発揮させ、さらに「見えざる手」によって資源をよい方向へと向けることである。スミスによれば、資源投下には自然的順序があり、「農業→製造業→国内商業→外国貿易」の順である。強く安定的な欲求によって需要される農産品に最初に資源を投下すべきであり、以下、生産力に余裕ができるにしたがって、つぎに満たすべき欲求の対象に資源を投下する。次第に、費用をかけ、リスクを負ってまで商品を遠くに運んでも採算がとれるようになる。

この順序からすれば、外国貿易は最後に資源を投下すべき対象である。しかし、重商主義政策とは、外国貿易で儲ければ国が富んでいくと思い込み、独占などで無理矢理に貿易関係で儲けを出させる政策である。しかも、そのために巨額の軍事費までかけているのだ。植民地を支配し、強い国になったといい気になっていても、スミスに言わせれば、それは内実、自国の富裕化を遅らせているだけに過ぎない。イングランドがアメリカ植民地を支配するのは、アメリカ植民地に不利益であるばかりでなく、本国イングランドにも不利益なのだ。だから、国が国を支配するという優越感がもたらす幻の夢から醒め、アメリカ植民地から手を引くべきなのである。

スミスのアメリカ独立支持は、国と国のあるべき関係についての彼の考えをよく表している。彼は、国と国は、「努力の等価交換経済」における人と人の分業関係のように、互いを活かし合っている関係であるべきだと考えている。たとえ、強者と弱者であり、強者が弱者を支配できてしまえても、長い目で見れば支配しないで、互いを活かし合う関係を築いた方がよいのだ。強者と弱者が互いを活かし合う関係を結ぶ方法について、スミスはつぎのように述べている。

アメリカの発見と喜望峰経由での東インド航路の発見は、人類の歴史に記録された最大かつ最重要な二つの出来事である。……遠い別の地域との交流は、普通は、互いに有益なものである。互いの不足を補い合い、生活の楽しみを増進させ、産業をより繁栄させる。……[ところが、その発見時にヨーロッパ人の力が一方的に強かったという不運によって、もたらされるはずの利益は失われてしまった」……おそらく、東西インドの国々の人びとはこれからより強くなり、ヨーロッパ人は弱くなり、世界のあらゆる人びとが勇気と力において平等になるだろう。互いに相手を恐れていれば、一方的に一つの国が不正義を働くことは抑制され、国どうしで互いの権利を尊重するようになる。この平等な力関係は、すべての国々が自然に、あるいは必然的に、互いに商売を拡げてゆくことで、知識やあらゆる種類の改善に関する相互のコミュニケーションが起こることによってこそ、達成されるであろう。（スミス『国富論』第四編第七章、訳③二三四〜二三五ページ＊）

スミスは、「努力の等価交換経済」のように互いの能力を活かし合う関係を理想としていた。そして、たとえいまは対等な力関係にないとしても、自由な経済交流を通じて対等になっていくだろうと考えていた。

このスミスの考えには、弱国スコットランドと強国イングランドの合邦が影響しているだろう。一七〇七年に両国が合邦し、スコットランドにはプラスとマイナスの両方の効果があった。イングランドへの市場拡大やイングランドからの優れた知識の流入による刺激がスコットランドを活性化した反面、競争に敗れる者、繁栄から取り残される地域などがあった。スミスは、一八世紀のスコットランドの活気を見て、強者との経済交流にはプラスが大きいと考えたのだろう（被害を被ったスコットランド人はイングランドを憎み、ジャコバイトの乱〈一七四五年〉を起こした。かなりの勢いがあったけれども、結局イングランドに鎮圧された。スミスはこの乱を支持しなかった）。

自由な経済交流は弱者の側に大きな機会を与え、弱者が成長するのを助ける。これが、スミスが国際的な自由市場経済、つまり自由貿易を支持する理由である。逆に言えば、強者と弱者の共存共栄が成り立たない世界、つまり金儲けがたんなる弱肉強食になり、弱者を支配の対象にしてしまうならば、それには正当性がないということである。一時の利益のために弱者を食い物にするのは、「悪いお金儲け」なのである。

この「強者と弱者のあるべき関係」は、国際関係だけでなく、市民同士のあるべき関係でもある。したがってそれは、スミスの考える資本主義の道徳的条件の一つと考えられるだろう。

資本主義の道徳的条件

著しい格差があり、「努力の等価交換」とも言えない資本主義経済を正当とみなすことができるために、スミスが必要とした条件は、以下の三つである（スミス自身がこのようにまとめているわけではなく、私がスミスの議論から抽出したものである）。

①自由競争市場がフェア・プレイに則った競争の場であること、特に資本を動かす人間がフェア・プレイを意識する人間であること
②資産を事業に活用するのではなく、貸し出して利益（利子・地代）を得ようとする場合、その行動が資産をよい用途に向けていく助けになり、全体の富裕化を促進すること
③強者が弱者を支配せず、相互利益の関係を結び、弱者の側の能力も活かされること

このスミスの設定した資本主義の道徳的条件は、後の経済学の参照基準になる。つまり、この条件を満たさなくなった現実に直面し、いかに条件を満たすように改変できるかを、後の経済学者たちは格闘するのである。

【スミスの著作】

Smith, A.（1759）, *The Theory of Moral Sentiments*, the Glasgow edition of the works and correspondence of Adam Smith, vol. 1, 1976.（高哲男訳『道徳感情論』講談社学術文庫、二〇一三年）

——（1776）, *An Inquiry into the Nature and Causes of the Wealth of Nations*, the Glasgow edition of the works and correspondence of Adam Smith, vol. 2, 1976.（水田洋監訳『国富論』（①〜④）、岩波文庫、二〇〇〇〜二〇〇一年）

【スミスをもう少し深く知りたい方のために】

〔1〕水田洋（一九九七）『アダム・スミス——自由主義とは何か』講談社学術文庫。

〔2〕堂目卓生（二〇〇八）『アダム・スミス——『道徳感情論』と『国富論』の世界』中公新書。

〔3〕高哲男（二〇一七）『アダム・スミス——競争と共感、そして自由な社会へ』講談社選書メチエ。

これからスミスから何かを学ぼうと考えるならば、スミスを単純な自由競争礼賛論と理解するのではなく、経済についての主張も『道徳感情論』を踏まえた人間形成論として理解すべきという観点が大事である。その観点から三冊を推薦する。〔1〕は、スミスの生涯を辿りながら、その思想の奥深さを伝える。〔2〕は、『国富論』と『道徳感情論』の関係という直球を投げかけた好著。〔3〕は、『国富論』と『道徳感情論』の著作の進行に沿って進められる丁寧な解説である。

『道徳感情論』と『国富論』の大枠を理解してから、それぞれの詳細な議論、二著以外のスミスの思考に進むとよい。また、他の思想家との関係（スミスの思想家としての位置づけ）についても多くの研究があり、それらはスミスをより深く理解する助けになるだろう。

第二章　J・S・ミルとマーシャル

――労働者階級への分配と成長

満たされない道徳的条件

スミスは、二つの経済像を持っていた。一つは「努力の等価交換経済」。そこでは、自由競争市場のなかで人びとの生産努力が公正に評価される。その結果、人びとはそれぞれに才能に磨きをかけてお金儲けを追求し、分業が進展して豊かな生産がおこなわれる。

もう一つは「見えざる手の働く資本主義経済」。そこでは資本の所有者に利潤、土地の所有者に地代という報酬があり、努力と報酬の比例関係は崩れる。しかし、資本がフェア・プレイの競争を担う人間に動かされているかぎり、それを活用して稼ぐ利潤は認められる。資本を貸して得られる利子も、土地を貸して得られる地代も、「見えざる手」を機能させ、全体の富裕化を促進するという理由で、その正当性が認められる。

現実は「努力の等価交換経済」ではなく、「資本主義経済」であり、努力に比例した報酬という意味での公正さは厳密には成り立たない。けれども、利潤や地代は、市場が努力に報いるという大原則を歪めてしまうことはない。つまり、普通の人の努力を引き出すという富裕のための土台は崩れない。よって、資本主義経済は、持てる者と持たざる者のあいだで大きな格差をともなうけれども、一応は肯定できる。

このスミスの資本主義肯定論における重要な条件の一つは、自由市場がフェア・プレイの競争の場であることである。それは、独占や詐欺がないというだけでなく、資本がフェア・プレイの規範を守らなければならないという意識を持った人間によって動かされていることも含まれる。つまり、資本が社会のことなどどうでもよいから利益を稼げばいいというお金儲けの道具になってしまったら、資本主義は肯定できなくなるのである。

さて、スミスが示した資本主義の道徳的条件は、一九世紀になれば、明らかに満たされなくなる。資本が利潤を稼ぐためにに労働者をこき使うようになり、労働者階級の貧困という問題が出てくるからである。そこで、正統派の経済学者であるJ・S・ミル（一八〇六～七三年）、そしてミルの考えを継承したアルフレッド・マーシャル（一八四二～一九二四年）が、この問題にどう取り組み、スミスの条件の回復をめざしたかを見てみよう。

John Stuart Mill（1806-73）

J・S・ミルの生涯

ジョン・スチュアート・ミルは、一八〇六年、経済学者ジェームズ・ミルの長男として、ロンドンに生まれた。父ジェームズはジェレミー・ベンサムと親交があり、最大多数の最大幸福をめざす功利主義にもとづいて、より自由で平等な法制度を求める改革運動に携わっていた。

J・S・ミルは、父から早期英才教育を受け、若くして功利主義改革の論客となり、雑誌や演説で活躍した。しかし、二〇歳のとき、改革を主張する動機がわからなくなった。たんに父に教えられた通りに主張しているだけではないか、私は父に作られた機械ではないか、と思い悩んだ。

その後、ミルは、フランスの作家マルモンテルの回想録『父の覚え書き』（一八〇四年）を読み、彼がまだ子どもであった頃に父の死を克服し、自分こそが一家を支えるのだと決意した場面で涙を流し感動した。そこでミルは、自分は機械ではなく感情を持った人間であることに気づいた。そこからミルは徐々に精神の危機から脱していった。

以後、快苦だけを道徳的判断基準とするベンサムの功利主義から距離を取り、豊かな感情を持つことの価値を重視するようになった。功利主義改革運動が主張してきた自由と平等はやはり重要なのだが、権利を拡大すればそれで目的達成というわけではない。自由と平等は、高度な人格――教養・道徳性・感受性をもった豊かな人間――を形成するための環境（＝活躍のための条件）として重要なのである、とミルは考えるようになった。

個性を発揮する自由があること、そしてその機会が多くの人びとに開けていることが、よい社会（質的な価値を考慮したうえでの最大幸福）にするために何より重要である。活躍の機会が与えられれば、人間は能力を伸ばし、成長するものである。この思想は、自由主義の古典として名高い『自由論』（一八五九年）やミル独自の質的功利主義を述べた『功利主義論』（一八六三年）によく表れているが、もちろんつぎに述べるミルの経済学にも反映されている。

ミルは、世間の常識に反してでも、己の信念を貫く人であった。人妻であったハリエット・テイラーとの交際も、当時の道徳的な基準からすれば白眼視されるような行為であった。また、女性の解放を主張したり、工業化がもたらす自然破壊に反対したりした。どちらも当時としては少数派である。しかし、それでもミルは、人びとから尊敬される知識人であった。それは、彼が学者として優れた能力を持っていたからというだけでなく、彼の主張が真実の一端をとらえていると人びとに感じられたからであろう。晩年は、土地の有効利用と自然・景観保護のための土地保有改革に力を入れた。一八七三年、愛妻ハリエットの眠るフランスのアヴィニョンで亡くなった。

労働者階級の貧困

ミルの時代における経済学の最大の問題は、労働者階級の貧困をどうすべきかであった。一九世紀になり産業革命＝工業化が進展し、雇う者と雇われる者が明確に分かれ、労働者は「階級」と呼べるほどの大集団になっていた。親方と職人であれば、雇う者と雇われる者の関係とはいえ、どちらも同じ種類の労働に従事する。職人も修業を積めばいずれは独立できるかもしれない。だが、大規模化した工場のオーナーとそこで雇われる賃金労働者であれば、明確に違う仕事であり、違う地位である。賃金労働者がいずれはオーナーになるということは、ありえない。そして、雇う者と雇われる者のあいだの距離が遠くなったとき、労働者をこき使う――できるだけ低賃金で雇い、できるだけ長時間・きつい労働を課し、できるだけ労働環境のために費用をかけない――ことが当たり前になる。

一九世紀前半のイギリスの工場労働者がいかにこき使われていたかは、労働時間を規制する工場法の制定から見て取ることができる。一〇歳以下の児童ですら一日一五時間も働かされる現実から、一八〇二年に規制を開始した。児童の夜間労働を禁止し、労働時間を一二時間に制限するという内容だったけれども、工場主たちはこの法律を守らなかった。一八三三年法では工場監督官が置かれるようになり、ようやく実効性のある規制がおこなわれるようになった。といっても、九歳から一三歳の子どもは週四八時間、一日九時間を上限、一四歳から一八歳は週六九時間、一日一二時間を上限とし、一八歳以下の夜間労働を禁止するという内容であった。工場としてはいくらでもこき使いたいが、目に余る年少労働だけは政府が規制したという格好である。成年男子労働者の労働時間については、その後も長らく規制されなかった。

問題は長時間労働だけではなかった。いつでも取り替え可能な労働者に払われる賃金は安かったため、彼らの主食は高い小麦のパンではなく、安いジャガイモだった。また、都市の工場労働者たちは、劣悪な衛生環境で生活しなければならなかった。昔から貧しい人びとはいたけれども、工場労働者の増大にともない、働いても貧しい人びとが目に見えて大きな集団を形成してきた。それが、ミルが直面した「労働者階級の貧困」である。

自然科学的なリカードの分配論――メカニカルな経済観

では、労働者階級の貧困という焦眉の問題に、ミルは経済学から如何なる対処法を示したのだろうか？

ミルの主張を理解するためには、スミスとミルのあいだに位置する経済学者デイヴィッド・リカード（一七七二～一八二三年）と比較してみるとよい。リカードは、スミスの自由競争市場・自由貿易を擁護する主張を継承した、正統派経済学者である。自由競争市場においてどのように価格が形成され、諸階級にどのように分配されるかが、スミス『国富論』では曖昧であることに注目し、より厳密な理論を展開した。

リカードの理論の骨格を説明しよう。彼は、自由競争が働き、価格が生産費に規定される状況で、生み出された富が資本家・地主・労働者にどのように分配されるかを考察した。なぜ、この三階級間の分配に関心を寄せるかというと、それが経済の長期的動向に深く関わっているからである。リカードは、資本を所有し、それを事業に活用していく資本家を、経済の主役に据えている。資本家が獲得した利潤の大部分は、事業を拡大したり、最新式の機械を導入したりする資本蓄積に使うと考えるからである。地主の獲得する地代はおもに贅沢品に消費され、労働者の獲得する賃金は生活必需品に消費されるとリカードは想定するので、資本家だけが経済成長を牽引する主役なのである。これは、機械化を通じて生産性を向上させてきた産業革命期のイギリスの現実を反映しているのであろう。

リカードの分配理論は、賃金を決める賃金生存費説と、地代を決める差額地代論からなる。順にその内容を説明しよう。

賃金生存費説とは、労働者の賃金は、長期的には労働者階級の人口が一定に維持される水準で決まるという理論である。生計が成り立つ所得があってこそ、家族を持ち、子どもを産むことができるので、賃金が低ければ労働者の人口は減っていく。それはやがて労働者不足をもたらし、賃金は上昇していく。逆に、賃金が高ければ出生率が上がり、労働者人口が増える。それはやがて労働者の供給過剰をもたらし、賃金は下落する。よって、賃金は長期的には労働者人口を維持する水準になる。これが、賃金生存費説である（人口が維持される賃金水準は、経済全体の生産性が向上していけば、徐々に上昇するかもしれない。だが、それは非常に緩やかであり、分配の理論的分析をする際には考慮しない）。

差額地代論は、地代の高さを説明する。土地の主たる用途は食料である穀物の生産であり、地代は地主（土地の所有者）が穀物を生産する農民に土地を貸すことによって得られる（土地のその他の用途は捨象する）。土地には肥沃度による優劣があり、人口が少なく、一国全体の穀物需要量が少ないときには、優良地だけを耕作すれば、その需要を満たすことができる。人口が増え、穀物需要量も増えていくと、次第により肥沃度の劣る土地も耕作しなければならなくなる。需要の増加によって穀物価格が上昇することにより、劣等地でも穀物生産の採算がとれるようになって、増加した穀物需要が満たされる。このとき、ぎりぎり採算がとれるようになった最劣等地では、「穀物価格＝生産費用」なので、農民から地代を取る余裕はない。だが、穀物価格が上がっているので、優良地では「穀物価格＞生産費用」となっているから、地主はその差額分を地代としてとることができる。穀物価格が生産費用を上回る土地は、その差額を払って借りて耕作したいという農民がいるため、競争が働けばその差額分はほぼすべて地代になるということである。このように、現状で耕

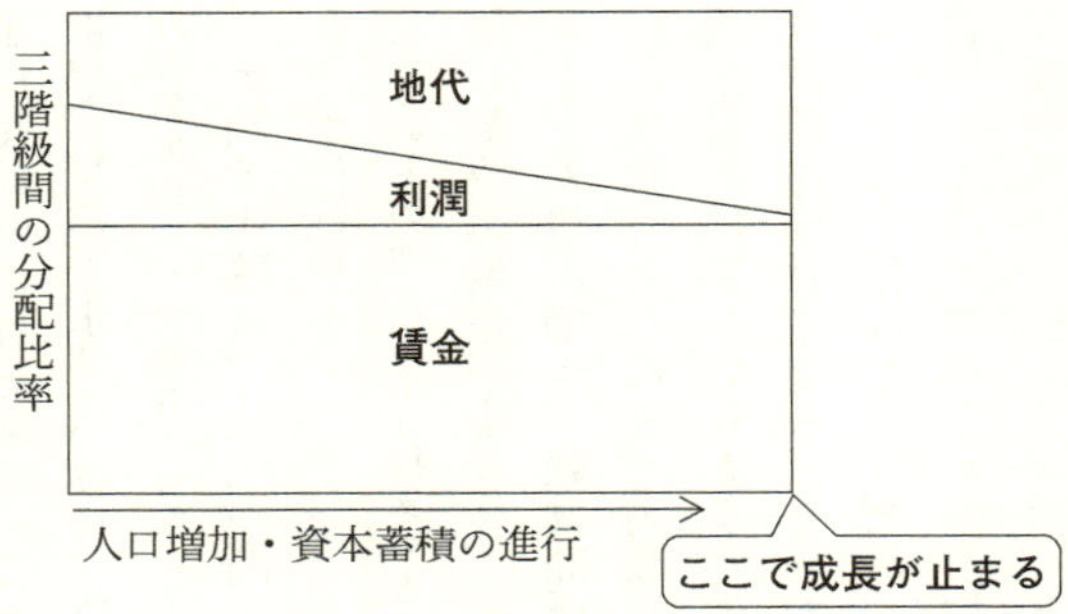

図2-1　リカード理論における分配の動向

作されている最劣等地との生産性の差分が地代の高さを決めるので、差額地代論と呼ばれる。

賃金生存費説と差額地代論から、現在の人口水準での賃金・利潤・地代の分配関係は、長期的にはつぎのように変化していくだろうと予測できる。利潤は資本蓄積され、経済が成長し、それに合わせて賃金が上昇して人口増加が誘発される。人口が増えると穀物需要量が増え、穀物価格が上昇し、地代が増える。利潤は生産された富から賃金と地代を引いたものであるから、地代への分配が増えることにより、利潤への分配は減る。よって、利潤からの資本蓄積とその結果としての経済成長は、だんだん先細りになる（図2－1参照）。よって、リカードは、この先細りをできるだけ延期するという観点から、経済政策を論じる。すなわち、安価な穀物を輸入することで、穀物価格と地代の上昇を抑える自由貿易政策と、課税方法をできるだけ地主の負担になるように選択することである。

ここまでの説明から明らかなように、リカードの経済学は、仮定からの演繹を駆使した、非常に緻密な理論である。一〇メートルの高さから物体を落とせば、何秒後に地面に到達するかを重力の法則から明らかにするように、賃金の法則・地代の法則から経済の未来を見通している。経済という人間の世界を、あたかも物理法則の世界のように扱っている。そこには、お金儲けと人間性やモラルを結びつけたスミスのような人間っぽさはない。

リカードの経済学の想定で、活動的なのは工場を拡大する野心を持った資本家だけである。資本家は少し人間っぽい。だが、労働者は生産技術を構成する一つの投入要素にすぎず、工場で機械を回しているだけである。地主は次第に上がっていく地代を贅沢品に費やしているだけである。そして結末は成長の停止である。イギリスのロマン主義者トマス・カーライルが、経済学を「陰鬱な科学」と呼んだのも、宜《むべ》なるかなである。

人間科学的なミルの分配論——「労働者階級の貧困」を解決するための分配

リカードの経済学は、「競争が働くかぎり、必ずこうなります」といった法則性を強く打ち出していた。だから、経済が人間っぽさのない、冷たいメカニカルな世界として描き出されていた。後継であるミルは、リカードの理論的な部分を吸収するけれども、そのメカニカルな経済観は継承しなかった。むしろ、ミルは、人間らしさが前面にでてくるスミスのような経済学をめざした。

ミルの経済学の主著『経済学原理』(一八四八年)を見ると、リカードと違い、分配の可変性を重視しているのがわかる。自由競争市場というシステムから、分配(誰がどれだけの報酬を得るか)が自然法則的に決まってくると考えるのではなく、分配は人間が変えられるものと考えたのである。

分配を変えられると言っても、不平等度の高い市場システムの結果を、平等に近づけるために政府が再分配するという意味ではない。ミルにとって分配は「結果」ではなく、人びとの活躍のための「条件」なのである。そして、活躍の条件を整えるための分配を担うのは、税制や教育制度を担当する政府ばかりでない。賃金と利潤の関係を決める事業経営者が、重要な分配の担い手として登場する(「資本家」という言葉は利潤獲得機械のような響きを持っているので、ここでは人間が事業を動かしているという面を出すために、「事業経営者」と呼ぶことにする)。

事業経営者が分配の担い手であり、労働者の活躍の条件を設定する役割があるといっても、そもそも事業経営者に賃金の水準を選択する余地があるのだろうか。労働者を低賃金でこき使わなければ費用面でライバルに劣り、競争に敗れてしまう、と考えるのであれば、事業経営者には賃金水準について選択の余地はない（これが競争によって価格が決まるという法則を重視したリカード的な見方である）。この場合、賃金は労働者をできるだけ買いたたく市場において決まる。そして、雇う側が労働者を低賃金でこき使う場合、労働者はできるだけサボって、決まった賃金だけもらえばいいと考えるだろう。

けれどもミルは、別の可能性を考えた。雇う側は労働者をフェアに扱う——こき使うのではなく、労働に相応の賃金を払い、労働環境にも配慮する。労働者は、互いに協力し、能力を伸ばし、会社の活動に貢献する——できるだけサボるのではなく、自発的に貢献する。そうすれば、労働生産性が上がり、労働者に対するフェアな扱いをするための費用の元が取れる。この考え方は、「人間は適切な環境条件の下ならば成長する」という、先に述べたミルの思想を反映している。会社において集団で働くようになった人間について、ミルはつぎのように述べている。

公共精神、寛大な心、あるいは真の正義と平等を望むならば、これらの美しい資質を育成する学校となるのは、利害の孤立ではなく、利害の結合（association）である。進歩によってめざすべきは、人が他者に頼ることなくやっていける状態にすることのみにあるのではない。人が他者とともに働くこと、（従属ではないかたちで）他者のために働くことを可能にすることこそ、進歩の目的であるべきである。いままでのところ、労働によって生計を立てる人は、各自自分だけのために働くか、あるいは雇い主のために働くかしか道はなかった。［しかしこれからは］文明化し、結合の力がより活かされるだろう。大規模な生産による効率性と節約がおこなわれるだろう。さすれば、生産者が［雇い主と労働者という］敵対する利害と感情を持った二つの党派に分かれることもない。働く者が資金提供者の命令の下にある召使いであることもない。できるかぎりサボって、賃金さえもらえればよいという考えで働くこともない。（ミル『経済学原理』第四編第七章四、訳④一三三ページ＊）

ミルは、会社の経営者が費用をかけてでも労働者の協力や自発性を引き出そうとすれば、労働者は会社に貢献するように協力したり、能力を伸ばしたりする生き方を身につけていくと考えている。その実践経験の場（学校）として、会社という組織を考えているのである。この「経済のなかで如何なる人間性が形成されるか」という問題意識は、スミスと共通する。

さらに、ミルは、この会社組織における労働者の能力成長が、遠い将来においては資本主義そのものを乗り越えるものとなる、と考えた。労働者が能力を向上させ、自ら会社を経営する能力までも持つようになれば、資本家（資金の提供者にして事業経営者）が労働者たちを支配する必要はなくなる。やがては、会社は労働者と資本家の共同組織となり、あるいは労働者どうしの共同組織（資本家はたんなる資金提供者にとどまる）となるであろう。それは、「他者とともに」、そして「他者のために」働く自由な個人のアソシエーションである。これが、ミルの考える資本主義の未来であり、労働者階級の貧困という問題への答えであった。

スミスの資本主義の道徳的条件とミルの分配論

ミルは、自由な個人のアソシエーションという未来——資本主義を超えた理想の将来像——を描き出したけれども、もちろんそれは遠い将来の話である。事業経営を担う能力が現状では資本家階級にしかない以上、いまのところはそれに頼った資本主義経済で行くしかない。できることは、啓蒙的な事業経営者の手で、労働者階級の能力成長に一歩踏み出すことだけである。

さて、ミルによる労働者階級への分配——成長の条件を整えるための分配——は、スミスの資本主義の道徳的条件の回復と位置づけることができる。スミスの条件をもう一

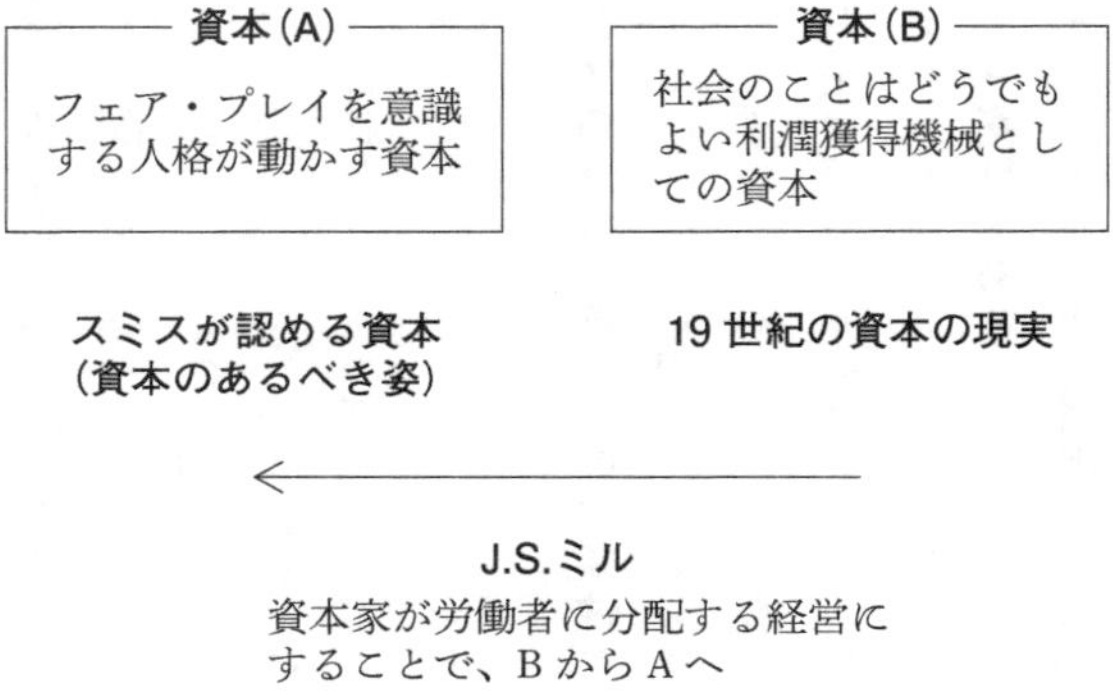

図2-2　スミスとミルの関係

度、ふりかえっておこう。

①自由競争市場がフェア・プレイに則った競争の場であること、特に資本を動かす人間がフェア・プレイを意識する人間であること

②資産を事業に活用するのではなく、貸し出して利益（利子・地代）を得ようとする場合、その行動が資産をよい用途に向けていく助けになり、全体の富裕化を促進すること

③強者が弱者を支配せず、相互利益の関係を結び、弱者の側の能力も活かされること

一九世紀＝ミルの時代には、これらの条件

――特に①と③――が満たされなかった。資本家は強者として弱者である労働者を支配し、フェアな報酬を与えるのではなく、できるだけこき使うようになった。資本は、モラルある社会関係のなかで活動するわけではなく、それらから離れた純粋な利潤獲得機械になっていた。

ミルは、このような資本主義の現実に対して、資本をもう一度、人間の手に取り戻そうとした。資本家が労働者に活動の条件を整えるために分配することとは、労働者とのフェアな関係を築くことである。それは、他者などどうなってもいい利潤獲得機械としての資本から、他者との関係のなかで生きる資本（人格が動かす資本）への転換である。そうすることで、スミスの示した資本主義の道徳的条件が満たされるのである（図2－2参照）。

アルフレッド・マーシャルの生涯

一九世紀の資本主義が労働者階級の貧困という問題を生み、まちがった方向に進みつつあったことに対して、ミルは労働者の活動条件のための分配が必要であると主張した。労働者を低能力・低賃金から、高能力・高賃金へ、そしてさらには会社を動かす能力を身に付けるまで成長させようというミルの将来計画は、もちろん漸進的なものであった。一九世紀後半には、成長の成果によるゆっくりとした中産階級労働者の増加はあったものの、依然として労働者階級の貧困という問題は残っていた。例えば、一八八六年からおこなわれたチャールズ・ブースによるロンドンの貧困調査では、日々の生活に追われて、それがいつまでもつづき、安心感が得られないという意味での貧困がロンドン全体の三〇・七パーセントと報告されている。こうした現実を見て、マーシャルは、ミルと同じ課題——労働者階級の貧困をどうするか？——を引き継いだ。

Alfred Marshall（1842-1924）

アルフレッド・マーシャルは、一八四二年、ロンドン郊外のバーモンジーに生まれた。父はイングランド銀行の事務員であった。数学に関心を持ったマーシャルは、一八六一年にケンブリッジ大学セント・ジョーンズ・カレッジに入学し、六五年の優等卒業試験で二位という素晴らしい成績を収めた。優等卒業試験の成績優秀者は大学の教員になることができるので、そのまま数学の研究者になる道もあった。しかし、マーシャルは、数学よりも社会問題に関心を持つようになった。ミルの著作を読み、貧民街の悲惨な現実を目の当たりにして、この問題を解決することこそが自らの使命と考え、経済学に進む道を選んだ。

しばらくケンブリッジ大学のフェローを務め、ブリストル大学、オックスフォード大学と移り、一八八五年に母校ケンブリッジ大学の経済学教授となった。この教授就任演説「経済学の現状」に、あの有名なcool heads, but warm heartsという言葉が出てくる。これからケンブリッジ大学で教えるにあたり、冷静な頭脳で分析し、しかし温かい心を失わず、よい社会のために献身する人材を輩出するため、努力をささげようと誓ったのである。

一八九〇年、『経済学原理』を出版した。この本の前半は需給均衡理論の説明であり、後半は経済成長理論の展開である。マーシャルが主張したかったのは後半の成長論であるが、そのためには静態的な需給均衡論を基礎に置く必要があった。需給均衡論と成長論のつながりについては、後に述べよう。マーシャルの関心が成長論の方にあるということは、一八九八年の論文「経済学における物理学のアナロジーと生物学のアナロジー」に表れている。彼は、力学的な需給均衡論の世界よりも、生物学的な盛衰や進化の世界を、経済学がめざすべき地であると主張している。成長論に注目するのは、それが労働者階級の貧困という問題を解決するために必要だからである。

一九〇八年、経済学教授の地位を若き後継者ピグーに譲って引退した。マーシャルは、経済成長の理論をより深く展開する『経済学原理』の続編を考えていたけれども、結局それは果たせなかった。最晩年に出版された『産業と商業』(一九一九年)は、イギリス・アメリカ・ドイツの諸産業の歴史と現状について比較した労作であるが、『経済学原理』のような体系書ではなかった(工業力で後れをとったイギリスが成長力を回復させるための明確な処方箋は、残念ながら示されていない)。

だが、マーシャルの業績は紛れもなく偉大であった。需給均衡図(部分均衡)ばかりでなく、余剰分析、弾力性、外部経済、産業集積といった現代まで残る重要な分析ツールや概念を生み出した。また、ピグー、ロバートソン、ケインズたちを後継者に持つ「ケンブリッジ学派」は、彼なくしては存在しなかったであろう。一九二四年にマーシャルは亡くなるが、翌年に編まれた弟子たちの回想録は、師に対する尊敬に満ちている。

以下では、『経済学原理』における需給均衡理論の位置づけ、生産要素としての「組織」という概念、そして経済成長論について説明しよう。

成長論をめざすマーシャルと静態均衡論のワルラス

世の中を変えるという大きな目標のために、マーシャルがはじめに取り組んだのが経済学の基礎固めであった。彼は、スミス、リカード、ミルを代表者とする正統派の経済理論をじゅうぶんに踏まえつつ、そこに足りないものを補おうとした。具体的には、現在では当たり前のように使われる「需要と供給の均衡」という市場の捉え方を、需要曲線・供給曲線という図で表現する工夫をした（『価値論草稿』〈一八七一年〉）。

これは、価格決定における供給側の役割を強調していた従来の経済学（古典派）に対して、需要側の役割を重視しようとした当時の新しい経済学の流れ――のちに「限界革命」と呼ばれるジェボンズ、メンガー、ワルラスによって推進された経済理論上の革新――に沿ったもののように見える。しかし、市場メカニズムの捉え方を根本から鍛えなおそうとしたマーシャルの意図は、限界革命の推進者たちとは大きく違っていた。その点を理解するためには、特に対照的なワルラスと比較してみるとよいだろう。

ワルラスは、先に述べた限界革命の推進者の一人で、生産要素も含めたすべての市場で完全競争が働き、需要と供給が均衡している「一般均衡」という概念を提起した経済学者である。この一般均衡においては、すべての資源が効率的に利用されている（直観的には難しくないが、この厳密な証明は二〇世紀になってから達成された）。よって、すべての市場で完全競争が働いている状態は、めざすべき一つの理想である。この考え方は、自由市場経済を擁護する理論として、現在も大きな力を持っている。

さて、マーシャルは、このワルラスの理論をどう思っただろうか？　数学が得意なマーシャルにとって、ワルラスの理論を理解するのは容易であった。だが、彼は、この方向での展開は現実妥当性が薄く、重要ではないとして退けている。なぜ現実妥当性が薄いかと言えば、その理論が「時間」を扱っていないからである。ワルラスの理論は、生産技術・人々の選好・初期の諸資源の保有量を所与として、需要と供給の力が完全に作用しつくした一点をとらえるものである。そこには時間の経過は入っておらず、技術は変化しない。マーシャルは経済成長のメカニズムをとらえようとしているのだから、一時点の資源配分の効率性を問題とするワルラスの理論は役に立たないのである。

成長論のカギとなる第四の生産要素「組織」

いかに技術が変化するか（どのようにして成長が生まれるか）をとらえるために、マーシャルは、第四の生産要素としての「組織」――労働・資本・土地につぐ生産要素――という独自の概念を導入している。マーシャル自身の言葉を聞いてみよう。

資本はその大きな部分が知識と組織から成っている。知識と組織から成る資本の一部は私有財産であるが、私有財産ではない部分もある。知識は生産における最も強力なエンジンである。知識のおかげで、われわれは自然を制し、欲求を満たすためにそれを活用できる。組織は知識を助ける。組織には多くの形態がある。一つの企業組織、同業者たちの企業群という組織、異業種が接触し合う組織、さらには国家という組織も含む（国家は安全を保障し、多くの者を助ける）。知識と組織には私的財産として所有されている部分と、そうではなく公的財産として存在している部分があり、その区別をしておくことは重要である。また、その重要性はますます増している。それは、ある意味、物的資産を公有にするか、私有にするかといった問題［＝社会主義か資本主義かという問題］よりも、ずっと重要である。そうした事情も加味するならば、［資本という生産要因にいろいろ含めるよりも］組織（organization）の部分［＝公的な部分］を独自の生産要因とみなした方がよいだろう。（マーシャル『経済学原理』第四篇第一章、訳②二〜三ページ＊）

「組織」は、知識の成長を助けるための無形の資本である。より具体的には、一企業の労働者たちが知識を創造しようとする活気、ライバル企業との切磋琢磨の競争によって知識の創造が促されているその活気ある雰囲気、異業種との接触によって新たな知識活用の道が開けていくことを促す挑戦的・意欲的な態度、そしてこれらを助ける公的なインフラストラクチャーである。

最後の公的インフラをのぞけば、活気・雰囲気・態度といった、まさに「無形」の何かであり、ある意味、とらえどころがない。機械のような物的資本であれば、その所有権を確定することが容易であるが、無形の何かはだれの私有財産であると確定することはできない。それでも、各企業はこの「組織」という要因に支えられながら知識を創造し、収益につなげているのである。

この「組織」は、単独の企業が投資し回収するような資本とは違う。創造性豊かな活気ある企業が複数あり、その相互作用として知識が創造されるもの――つまり「外部経済」のネットワークのなかで成果が出るもの――だからである。

各企業は、労働者にフェアな賃金を払い、能力を育成し、創造性を発揮できる環境を整備する。また、知識の創造のために開発投資をおこなう。けれども、それらが創造の実を結び、投下した費用が回収できるかどうかは、他企業も同じように積極的に投資をしたかに依存している。積極的投資の相互作用が働けば、成果をお金で回収でき、さらにそれを労働者や開発のために使うことができるため、活気ある創造がつづくだろう。このように「組織」という結びつきのなかで生まれる成長を、マーシャルは「有機的成長」と呼んだ。

では、有機的成長の好循環（活気→成果→活気……）に入るには、どうすればよいか？　マーシャルはここで活気を作り出す人間たち——事業経営者と労働者——の精神に着目した。

「経済騎士道」と「人生基準」が有機的成長を支える

事業経営者たちが「組織」を活気ある状態に維持するように積極的な投資をおこなうためには、目先の利益に左右されず、自らの仕事の社会に対する責任を意識する倫理が必要である。マーシャルは、この事業経営者の持つべき倫理を「経済騎士道」と呼んだ。目先の利益のために消費者を騙したり、労働者を低賃金でこき使ったり、リスクを恐れて知識への投資を避けたりするのではなく、経済的福利の増進に責任を負った人間として、中世の騎士のように誇り高く、名誉を重んじた行動をとる、という意味である。

マーシャルが「経済騎士道」に込めた意味は、たんに事業経営者に騎士のように立派に行動しなさいというものではない。事業経営者は、騎士のように社会から尊敬される存在であるべきだ、という意味も込められている。マーシャルは、事業経営者こそがその社会の行く末を決定づける存在であり、最良の頭脳を必要とする最重要の職業であると考えていた。実際、事業経営者は、自分のビジネスを巡る環境について日々情報を集め、さまざまな可能性について考え、さらには企業組織の統率にまで目を配るという、非常に難しい仕事をしている。だからこそ、優れた仕事をしている事業経営者は、もっと社会から尊敬されるべきだ、とマーシャルは考えたのである。

ほんとうによい仕事をしている事業経営者がその努力に見合った高い報酬で評価され、さらに社会の人びとから尊敬されるためには、政府が環境を整備する必要がある。できることの第一は、競争がフェアにおこなわれるように、競争法（独占禁止法など）の法律を整備することである。詐欺や独占で儲けるのではなく、優れた商品をリーズナブルな価格で提供することで儲けるようにするのである。競争がフェアであれば、よい仕事が報われる。

そして、もう一つ重要なことは、情報公開の促進である。企業が隠したがる情報を政府の権限で公開させることで、企業は公衆の目にさらされる。富の獲得競争において、フェアでない方法がとられたならば、世間は倫理的・道徳的にその企業を非難するであろう。つねに行動を評価されていると感じる企業家たちは、公衆の評価のまなざし——世論の名誉法廷——を無視できなくなる。もし、情報公開がなければ、世間の人びとが事業経営者を評価する基準は、どのように儲けたかではなく、どれだけ儲けたかだけになる（それしかわからないから）。そうなれば、事業経営者たちは、世間の賞賛を得るためにも目先の利益を重視してしまうだろう。だから、「経済騎士道」の精神を普及させるために、企業情報の公開は必須なのである。

事業経営者の倫理である「経済騎士道」と両輪の役割を果たすのが、労働者の倫理的な生活態度である。労働者が日々の安楽だけを追求する生き方——安楽基準 standard of comfort——をしていたならば、どんなに経営者が労働者を尊重しても無駄である。特に低賃金の労働者たちはその日暮らしの生活態度を改め、自分の人生をよりよいものにするために努力する精神を持たなければならない、とマーシャルは考えていた。目先の安楽ではなく、人生の充実をめざした生き方——自らの能力を開発することに努力を惜しまない生き方——を求めたのである。マーシャルは、それを「人生基準 standard of life」と呼んだ（「生活基準」と訳されることも多いが、それでは意味が伝わりにくいので、「人生基準」と訳した）。「経済騎士道」と「人生基準」という倫理的条件に支えられ、「組織」が活性化し、創造性を発揮する。これが、マーシャルの「有機的成長」である。

ミル＝マーシャルによる資本主義のあるべき姿

「スミスの資本主義の道徳的条件とミルの分配論」のところで述べたように、ミルは、スミスの示した資本主義の条件が崩れている（悪いお金儲けが蔓延している）ので、それを再建するために、労働者への分配を主張した。資本が他者などどうなってもいい利潤獲得機械になってしまっている現実を踏まえ、他者との関係のなかで生きる資本——フェア・プレイを意識せざるをえない人間が動かす資本——にする必要があった。それが、ミルにとっての資本主義のあるべき姿であった。そして、それは、「経済騎士道」と「人生基準」という倫理に支えられた有機的成長というマーシャルのヴィジョンにも、同じく当てはまる。

彼らは、資本を動かす人間の利潤動機自体は否定せず、その行動を「フェア・プレイ」の制約のなかに置くことで、資本主義という経済体制を守ろうとしたのである。それはたしかに一つの答えであり、現実をそちらに向けるべき指針と言えよう。だが、その答えは、資本が事業経営者によって動かされていることを前提としている。もし、その前提が崩れてしまったら……。資本を持っている人と、資本を実際に活用する人が別々になった世界で、あらたにスミスの条件について考えたのが、つぎの経済学者ケインズである。

【ミル、マーシャルの著作】

Mill, J. S. (1848), *Principles of Political Economy: with Some of their Applications to Social Philosophy*, Collected works of John Stuart Mill, vol. 2-3, 1965.（末永茂喜訳『経済学原理』（①～⑤）、岩波文庫、一九五九～六三年）

Marshall, A. (1890), *Principles of Economics*. C.W. Guillbaud ed., 1961.（永澤越郎訳『経済学原理』（①～④）、岩波ブックセンター信山社、一九八五年）

【ミル、マーシャルをもう少し深く知りたい方のために】

〔1〕杉原四郎（一九八〇）『J．S．ミルと現代』岩波新書。（杉原四郎著作集Ⅱにも所収）

〔2〕四野宮三郎（一九九七～二〇〇二）『J．S．ミル思想の展開』（1～3）、御茶の水書房。

〔3〕岩下伸朗（二〇〇八）『マーシャル経済学研究』ナカニシヤ出版。

〔4〕近藤真司（二〇一三）「マーシャルと有機的成長」柳田芳伸他編『マルサス ミル マーシャル――人間と富との経済思想』昭和堂、第九章。

ミルの魅力は、あらゆる問題を人間の道徳的進歩と結びつけて論じているところであると私は思う。それは、昨日より今日、今日より明日がよくなっているという楽観的・傍観者的な進歩主義ではなく、どのような政治制度・経済制度であれば人間は道徳的に進歩できるのかを厳しく問うものである。だからこそミルの思想は、現代においても色褪せない。その魅力が伝わる入門書として〔1〕、より詳しくミルの思想の内容を知りたい人に〔2〕を推薦したい。

マーシャルの経済学は、その理論的な内容と彼のめざす経済の姿が結びつかないと理解できないので、初学者には取っつきにくい。〔3〕はマーシャルの研究書で、「経済騎士道」を説明している部分は特に参考になる。理論と結びついた体系的理解に進むためには、有機的成長論と生産要素としての組織、および「複合的準地代」という概念について把握する必要があるが、〔4〕はその案内となるだろう。

第三章　ケインズ――「金融」が資本主義を歪める

利子と貯蓄の常識に挑戦

一九世紀のイギリスは、すでに述べたように労働者階級の貧困という問題を抱えていた。けれども、科学技術の応用にもとづく生活の変化は著しく、基本的には進歩の歩みに自信を持っていた。自由競争市場を基本枠組みとする進歩がつづくのは大前提であり、経済学者たちはそれを早めたり、よい方向に向けたりすることに関心があったのである。しかし、その進歩と安定の基調は、第一次世界大戦(一九一四~一八年)で崩れた。大戦以前、イギリスは世界一の覇権国であり、戦後もそのまま覇権国たらんとしたが、どうもうまくいかない状況がつづいた。

この「今まで通り」が通じない状況では、過去と現在の条件の違いを見極めて、これまでとは違う新しいやり方に踏み出さなければならない。そのためには、常識的なもの(いままで通用してきた考え方)に挑戦する知性が必要である。ケインズ(一八八三~一九四六年)は、その類いまれな知性を持っていた。

ケインズが挑戦したのは、利子と貯蓄に関する常識である。イギリスのお金持ちたちはその金融資産を海外に投資して利子を稼ぎ、さらに貯蓄を殖やしていた。大金持ちたちばかりでなく、経済成長によって豊かになった中産階級の人びともみな、節約して貯蓄をし、利子を稼いだ。当時の常識からすれば、それはイギリスにとってよいこと＝よいお金儲けであった。消費をしないで貯蓄をすることは、資本蓄積を促進し、経済全体を富裕化する。だから、利子を稼ぐこと、貯蓄をすることは、いわば美徳であった。だが、ケインズはこの美徳に挑戦した。利子を稼ぐこと、貯蓄をすることは、ほんとうに全体の富裕に繋がる「よいお金儲け」なのか？　金融資産を積み上げていくことを大事にしすぎて、実際に実物的な資産を活用するというもっと大事なよいお金儲けが妨げられているのではないか？　この問題意識が、市場の自動調整能力を否定する独創的な理論——『雇用・利子および貨幣の一般理論』における「有効需要の原理」——に繋がっていく。

John Maynard Keynes (1883-1946)

経済学の歴史におけるケインズの位置づけについて、ここで注意を促しておきたい。ケインズは、自由競争市場の自動調整能力を信じる正統派経済学——スミスからマーシャルに連なる正統派の系譜——に反旗を翻し、市場には自動調整能力はないと主張した、と普通は考えられている。そして、それ自体、まちがっているわけではない。だが、本書では、正統派経済学とケインズを完全な敵対関係とはとらえない。

市場を通じたよいお金儲けのあり方を提示したスミスと、そのスミスの条件が満たされない現実に対して処方箋を考えたミル、マーシャルを、敵対関係とみなす人はいないだろう。ミル、マーシャルは、スミスの経済学の精神を継承し、その時代に合うように補おうとしたのだから、補完関係である。私の考えるスミスとケインズの関係も、これと同じである。ケインズは、スミスの条件が満たされない現実に対して処方箋を出し、あるべき資本主義経済の姿を取り戻そうとしたのである。この点は、ケインズの理論の独創性に目を奪われると、ともすると見失われるので、はじめに指摘しておきたかった。

では、ケインズの経済学とは如何なるもので、それがどのような時代背景と思考プロセスから生み出されたのかを説明していこう。

ジョン・M・ケインズの生涯

ジョン・メイナード・ケインズは、一八八三年、イギリスのケンブリッジに生まれた。父はケンブリッジ大学の経済学者ジョン・ネヴィル・ケインズで、マーシャルとも懇意であった。母フローレンス・エイダもケンブリッジ大学の女性の通えるカレッジ出身で、ケンブリッジ市の行政に携わり、後に市長まで務めた。

ケンブリッジの学問的雰囲気のなかで育ったケインズは、一九〇二年、そのケンブリッジ大学のキングズ・カレッジに進学した。才気豊かな学生で、哲学・文学・政治など幅広い興味を持ち、数学を専攻した。だが、数学の優等卒業試験での成績は芳しくなく、官僚になる道を選んだ。

一九〇六年、インド省に入ったが、官僚の生活は活動的なケインズの気性と合わなかった。大学に戻るため、彼が長年研究してきた「確率論」について研究論文を執筆し、一度は不合格となったものの、書き直して一九〇九年に合格した。不合格になったとき、ケインズの才能を知っているマーシャルが助け船をだし、経済学講師職を用意してくれた。そこからケインズは、経済学者としての才能を発揮していく。

一九一三年、インド省での経験を活かして『インドの通貨と金融』を著し、インドの通貨問題を検討する政府の委員会に、若くして委員に選ばれた。彼は象牙の塔の学者ではなく、政府の政策運営に携わる活動性と実務能力を有していた。

第一次世界大戦中は大蔵省に勤務し、戦争がアメリカからの莫大な借金で成り立っている現実を目の当たりにした。それはイギリスの覇権が失われていく現場でもあった。戦後のパリ講和会議には大蔵省首席代表として出席した。しかし、時の首相ロイド゠ジョージとドイツの処遇を巡って意見が合わず、ケインズは会議終盤で辞職し、直後に会議の経験をいかして『平和の経済的帰結』(一九一九年)を出版した。この著作でケインズは、会議を主導した人びとの特徴や心理を巧みに描きつつ、会議の結果結ばれたヴェルサイユ条約がドイツにあまりに過酷であることを批判した。勝者が敗者に恨みをぶつけるのではなく、生まれ変わった敗者(ドイツ)と共存共栄の関係を築こうという精神は、スミスの資本主義の道徳的条件③——強者と弱者の相互利益関係——を思い出させる経済学者的な発想であった。この著作は人気を博し、一躍ケインズを有名人にした。

一九二〇年代、イギリスは失業率一〇パーセント程度の慢性的な不況状態であり、ケインズはこの現実を説明できる経済学をめざした。彼は、大戦の混乱によって離脱していた金本位制——金と通貨の交換を保証する制度——に昔通りの交換比率で復帰しようとする政府の政策に問題があると考えていた。この時期がケインズの経済観を理解するうえで重要であるので、後に詳しく述べる。

一九二九年、ニューヨークの株価大暴落にはじまる大恐慌は世界に波及し、もともと不況つづきであったイギリスはさらなる苦境に立たされた。一九二五年に強引に復帰した金本位制からも三一年には離脱し、三二年には長年の政策指針だった自由貿易を放棄し、仲間の国とだけ貿易をするブロック経済(スターリング・ブロック)を形成した。どの国も経済的に不調であり、対外的な支払いに困る状況だったので、世界の保護主義化・ブロック経済化は一気に進んだ。

ブロック経済は、ブロック同士、そしてブロックを組めない国との緊張・対立を生む。その緊張と対立は、互いに対外支払いの圧力に直面して金を奪い合うからである、とケインズは考えていた。そこで、緊張と対立を止めようとして開かれた世界経済会議（一九三三年、ロンドン）に合わせ、ケインズはパンフレット『繁栄への道』を出版した。対外支払い圧力を緩和するための金保有に代わる価値の創造、および保護主義に頼らなくても国内経済を立て直せる方法としての財政拡張政策を提唱した。世界を相互利益にもとづく共存共栄の関係に戻そうとしたのである。だが、その努力は実らなかった。

ブロック経済は自給自足圏を作るということであり、イギリスのように植民地を多数持つ大国にしか可能ではない。植民地を持たない国には不可能な選択肢である。よって、持たざる国——日独伊——は同盟し、軍事的に活路を開く道を選び、第二次世界大戦（一九三九～四五年）につながった。

時を戻して一九三六年、ケインズは『繁栄への道』の政策提言の経済理論的な根拠を示す著作『雇用・利子および貨幣の一般理論』（以下、『一般理論』と略記）を出版した。そこでケインズは、市場が自動的な調整機能を持っているという従来の暗黙の常識を否定した。

これは経済学の根底にある考え方を変えるものであり、そのインパクトは後に「ケインズ革命」と呼ばれた。

第二次世界大戦中は、国内政策・対外政策の両方で活躍した。国内政策においてケインズは、戦時中の需要過剰傾向をいかにインフレなくして乗り切るかを提言した。これまでの戦争では必ずインフレが起きており、庶民がその犠牲になった。全体の需要を全体の生産能力に合わせるために、庶民が戦後に需要を繰り延べることができれば、インフレなく戦時を乗り切ることができる。それがケインズの「繰り延べ支出」案であった。こうしたアイディアとともに、経済を全体として（マクロ的に）見る必要性が認識されはじめ、国民経済計算の仕組み――国民所得やGDPを計算する方法――が整備されていくことになった（それにケインズ自身も関与した）。

対外政策では、第二次世界大戦後の国際経済秩序に関するアメリカとの交渉で、実質的なイギリス側の代表として活躍した。アメリカ側がホワイト案、イギリス側がケインズ案を出してはじまった交渉は、両国の利害もあり、経常収支黒字国の責任やドルの地位をめぐって激しい応酬となった。第二次世界大戦もイギリスはアメリカからの借金で戦っていたので、イギリスの交渉力は弱く、実質的にはホワイト案に近い内容でまとまった。一九四四年のブレトン・ウッズ会議で連合国四四ヵ国の合意となり、戦後の国際通貨基金（ＩＭＦ）と国際復興開発銀行（世界銀行）の設立につながった。いわゆる「ブレトン・ウッズ体制」である。

イギリス側はアメリカに譲歩を強いられたとはいえ、戦後の国際経済秩序の精神は、ブロック経済化に対抗した『繁栄への道』の精神に沿った、多分にケインズ的なものであった。国際金融機関を設立して経常収支赤字国にかかる借金の支払い圧力を緩和すると、自由貿易を継続することができる（対外支払い圧力のために保護主義をとる必要はない）。そして、一定期間は経常収支赤字をつづけることができるならば、輸入が増加する傾向のある国内需要の喚起政策をとることもできる。かくして、自由貿易の下で、各国がその潜在的な生産能力をフルに発揮できるようになる。そうなれば国と国は対立する必要はなく、相互利益にもとづく共存共栄の関係になれる。これが『繁栄への道』の精神であり、同時にブレトン・ウッズ体制の精神でもあった。

一九三七年からたびたび心臓発作を起こしていたケインズにとって、対米交渉は激務であった。一九四六年、ＩＭＦと世界銀行の設立総会から帰国してまもなく、六二歳で亡くなった。

金本位制復帰問題

ケインズの経済観を理解するために、一九二〇年代の金本位制復帰問題をめぐる彼の思考をたどろう。

金本位制とは、通貨と金の交換を各国の中央銀行が保証する制度である。イギリスで言えば、イングランド銀行が「ポンドという通貨を持ってくれれば〇〇グラムの金と交換する」という約束をしているということだ。銀を本位とする国もあったが一九世紀後半に銀の価値が下落したため、金が国際価値標準の中心となり、各国が金本位制をとる「国際金本位制」が成立していた。

国際金本位制のなかで、イギリスは他の金本位制をとる国とは違う、特別なポジションにあった。イギリスの通貨ポンドは、長らく金とポンドの交換比率（金一トロイオンス〈約三一グラム〉＝四・二四七ポンド）を一定に保ちつづけていた。そのため、ポンドはいつでも金に替えることができるという信頼を得ていて、外国の人びとはポンドによって国際的な貿易取引や金融取引をおこなっていた。世界中がイギリスの金融街であるロンドンの「シティ」で起債したし、世界中の貿易取引が（イギリス以外の国同士の取引も含めて）ポンドによって決済された。シティは世界の貿易・金融センターであり、国際金本位制とは事実上のポンド本位制であった。

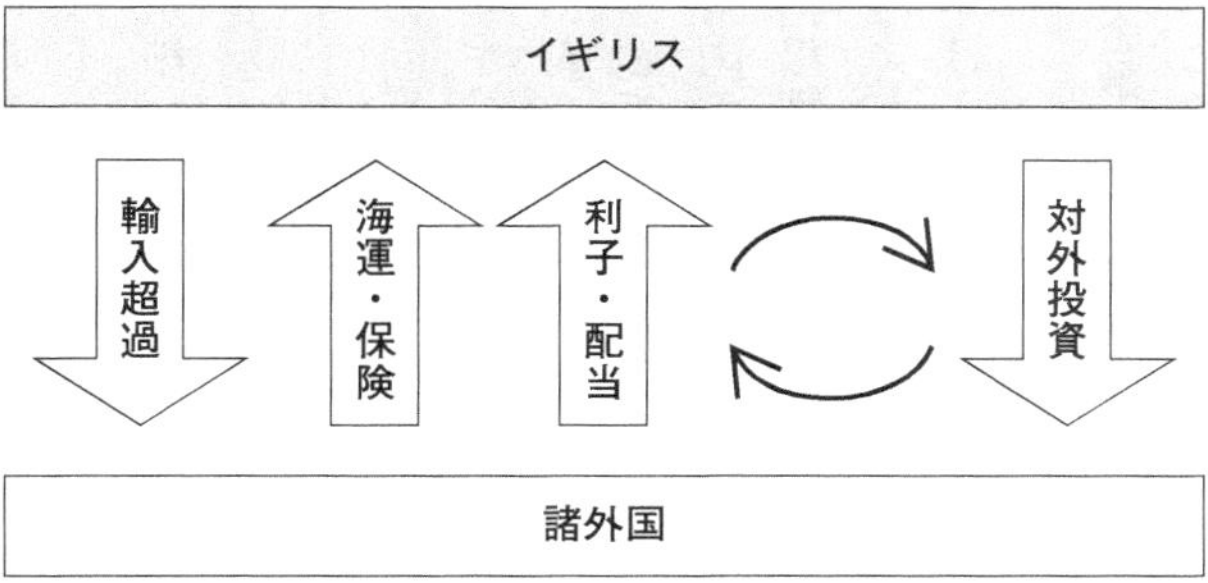

貿易収支は赤字だったが、それ以上のサービス収支と利子・配当収入があり、経常収支は黒字。その黒字を対外投資に回したので対外債権額は大きくなり、それがさらに大きな利子・配当収入になった。

図3-1　イギリスの国際収支構造（19世紀後半）

すでにみたように、イギリスの工業力は一九世紀の終わりごろには明確にアメリカに抜かれ、世界一ではなかった（重化学工業の面では遅れていた）。貿易収支で言えば、かなりの輸入超過であった。けれども、工業面の不利を相殺して余りあるほど、貿易・金融センターとしてのシティは稼いでいた。海運・保険業からの収入と対外投資から得られる利子収入が貿易収支の赤字を上回り、莫大な経常収支黒字を作り出していた。そして、その経常収支黒字分は、さらなる対外投資の増大となり、利子収入は大きく膨らんでいった。わかりやすく言えば、一九世紀後半以降のイギリスは、自国内の産業力によってではなく、世界中に投資する金融力によって、世界一の地位を保っていたのである（図3－1参照）。

そのような状況で、第一次世界大戦の混乱により、イングランド銀行は金本位制を一時停止した。ポンドと金の交換が保証されなくなると変動相場制になり、為替レートは元の水準を離れ、通貨の実力（物価を考慮した実質的な購買力）を反映した方向に動いていく。重要なポンド対ドルのレートで言えば、大戦前、ドルは一トロイオンス＝二〇・六七ドル、ポンドは一トロイオンス＝四・二四七ポンドであったので、一ポンド＝四・八六ドルの固定相場制であった（このレートを金輸送コスト分以上には離れない）。第一次世界大戦後、イギリスもアメリカも物価が上昇したけれども、相対的にイギリスの方が物価が上がっていたので、変動相場制に移行するとポンドは戦前よりも安くなった（一ポンド＝約四ドル）。

さて、混乱期が終われば、いつ金本位制に復帰しようかという話になる。それは、大英帝国の繁栄が金本位制とともにあったのだから、当然と言えば当然である。しかし、変動相場制下の現状の為替レート（一ポンド＝四ドル）と旧レート（一ポンド＝四・八六ドル）はあまりに違いすぎる。そこで、旧レートで復帰しようとする政府は、イギリス国内の物価を下げようと考えたのである。

「金融」と「産業」、どちらの利害が重要か

この政策をケインズは、二つの観点から批判した。一つは、旧レートでの金本位制への

復帰は、誰の得になる政策なのかという観点から。もう一つは、金本位制という制度そのものの前提が崩れているのではないかという観点からである。

旧レートでの金本位制への復帰政策（デフレ政策）で得をするのは、ポンド建ての資産を持っている人びとと、ポンドの威信が商売の基礎になっている金融界である。ケインズは彼らを「投資家階級」と呼ぶ。一方、物価の下落で損をするのは、産業界――「企業家階級」と、そこで働く「労働者階級」――である。デフレ政策によって売れ行きが悪くなり、物価も下がれば、企業にとっては売上額が大きく減少する。通常、企業は貨幣額で決まっている負債を負っているので、売上額の減少は負債の負担を重くするだろう。また、売れ行きが悪いのだから、労働者は解雇され、失業という痛手を被るであろう。

では、この「金融」と「産業」、どちらの利害が重要なのだろうか？　たしかに金融界がイギリスにもたらす利益は莫大であり、産業は斜陽であるから、一見すると金融の利害を優先した方が得なように見える。しかも、利子収入を得ているのはごく少数の大金持ちたちだけではない。一九世紀の経済成長によって貯蓄をする余裕ができた中産階級もみな、この利子収入の恩恵を受けている。利子収入はイギリスの人びと（普通の中流の人を含めて）の豊かさの基礎をなしているように見える。

だが、ほんとうにそうだろうか？　海外からの利子収入と国内での生産による価値のどちらが重要か？　かつてアダム・スミスは、国内に金銀の流入をもたらす重商主義政策は偽りの富を追求しているのであり、真の国の富とは豊かに生産し消費できることにあると主張した。この真の富の源泉についての考え方にもとづけば、旧レートでの復帰をめざす人びとは、偽りの富を追いかけ、真の富の生産を妨げていることになる。イギリス産業は、ただでさえアメリカやドイツに後れをとっている。そこにさらに産業界へのデフレ圧力を加えたら、イギリスは産業面でずっと二流のままであろう。

国内の物価の安定と為替レートの安定のどちらを優先すべきかと言えば、上記の観点から、「産業」のために物価の安定を優先すべきである、とケインズは考える。とすれば、もし金本位制に復帰するのであれば、実力より強い旧レートではなく、現在の実力にあった新レートにすべきである、とケインズは主張するのである。だが、それも金本位制に復帰するならば、である。金本位制そのものへの疑いという第二の批判理由を説明しよう。

「金本位制」への辛辣な批判

ケインズは、第一次世界大戦後には、戦前のように金本位制が安定して機能する前提が崩れていると考えた。戦前、金本位制が安定して機能したのは、中心国であるイギリスが経常収支黒字分を対外投資に回し、金をため込まなかったからである。

通常、金本位制をとる国は、自国の通貨発行量に見合った金準備（通貨を金に交換してほしいと申し出てきたときのための金）を大量に保有しておかなければならない。だが、イギリスは例外であった。国際的な取引に必要な短期のポンドを国外者に貸していたので、少しだけ金融引き締め（公定歩合の引き上げ）をおこなえば、その資金の返済を促すことができ、それで金の量を増やせたからである。いつでも金を増やすことができるので、イギリスは金準備を多く保有する必要がなかった。そして、イギリスが余裕を持っているから、金利はそれほど高くならなかった。

ところが、第一次世界大戦後は、それらの前提が崩れていく。

第一に、第一次世界大戦をアメリカからの大借金で乗りきったことにより、イギリスは対アメリカの債権国から債務国になった。保有する対外債権は減り、経常収支黒字を支える利子収入も減少した。にもかかわらず、対外投資は依然として高い水準でつづいていたので、イギリスは外から短期の資金を借りなければならなくなった。戦前は短期資金を貸していたので、少しの金融引き締めで金を回収できたのだが、短期資金を借りるようになれば、それは機能しなくなる（図3－2参照）。

第二に、経常収支黒字国となったアメリカは、流入する金をため込んでいた。戦前、イギリスは経常収支黒字分を対外投資に回し、金をため込まないことで世界の資金循環を円

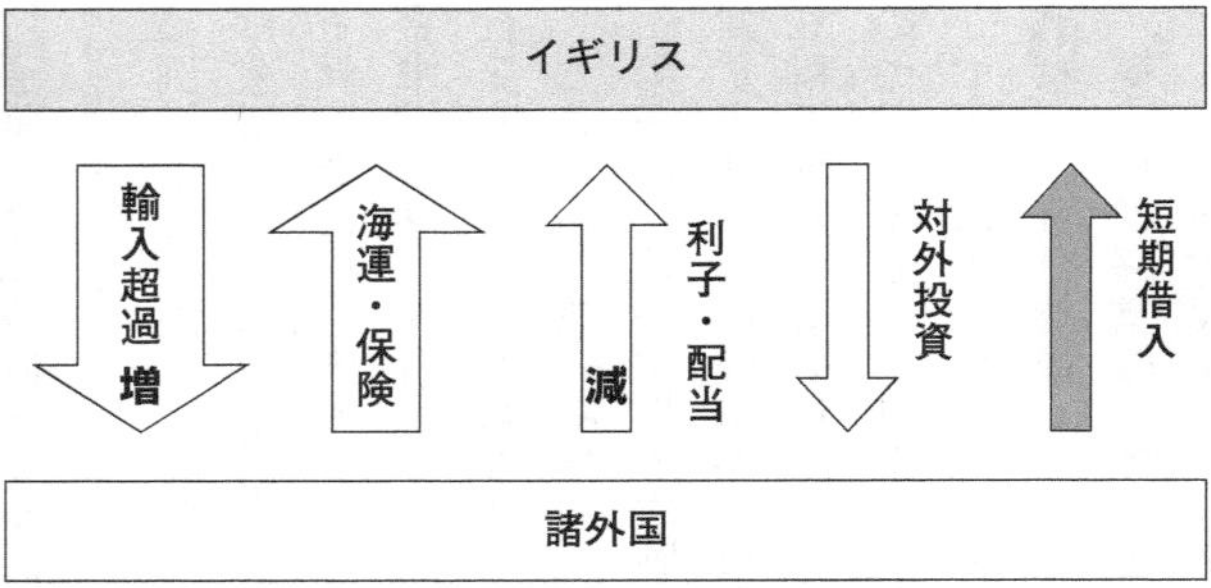

1920年代、輸入が増加し、利子・配当収入が減少したため、従来の短期資金を貸していたイギリスが逆に短期資金を借りる立場になった。

図3-2　イギリスの国際収支構造（1920年代）

滑に支えていたが、アメリカはそうしなかった。アメリカには、大規模な対外投資をする金融ノウハウ——ロンドン・シティが持っていたもの——がまだなかったのである。

かくして、戦前に金本位制を円滑に機能させていた条件は、戦後にはもう崩れている。だが、人びとはそれに気づいていない。大英帝国の繁栄は金本位制とともにあり、という常識に縛られている。だから、ケインズは金本位制を辛辣なまでに批判する。なぜ地中から掘り出したきらきら光る金属ごときを崇拝しなければならないのか、と。

金の不足に悩まされるぐらいなら、金を通貨の基礎におく制度（金本位制）そのものを見直せばよいではないか。貨幣を自らの手で管理し、産業の発展に資するような低金利を作り出せばよいではないか、とケインズは主張するのである。

このようにケインズは、旧レートでの金本位制への復帰という政府の方針に反対したが、現実の政治を動かすには至らなかった。一九二五年、蔵相チャーチルの下でイギリスは旧レートで金本位制に復帰した。旧レートではポンドは強すぎるので、一九二〇年代後半もイギリスは慢性的不況状態となった。また、イギリスはかつてのような中心国の役割を果たせないので、国際金融はきわめて不安定であった。

「投資家」と「企業家」――ケインズの特徴

さて、金本位制復帰問題に関するケインズの主張から、彼の経済観の特徴を抽出してみよう。彼は、資本の利回りを追求する「投資家」と、実物資本を動かす「企業家」を明確に分け、両者の利害を対立的にとらえた。

「投資家」の行動規準は、これまでの言葉を使えば利潤獲得機械、つまり他者のことなどどうでもよく、ただ純粋に自らの金銭的利益だけを追求するものである。直接的に他者に害悪を与えているわけではないが、全体の富裕化に繋がらないお金儲けであるという意味でそれは「悪いお金儲け」である。

一方、「企業家」の行動規準は、顧客に喜ばれなければならないし、労働者の能力を活かさなければならないという倫理的制約を受けた利益追求である。適切な競争・労働環境の下で企業が利益を上げることは、意味のある価値の創造であり、全体の富裕化に寄与するという意味で「よいお金儲け」である。

ミル、マーシャルは、すでに見たように、資本が利潤獲得機械になってしまうことを警戒していた。それに対する彼らの処方箋は、事業経営者の倫理化であった。この処方箋は、出資者と事業経営者が一致しているならば問題ない。そもそも、イギリスでは、出資者と事業経営者の区別があいまいであったので、ミル、マーシャルの答えはその一九世紀的な現実に対応していた。

だが、ケインズは、「投資家」と「企業家」が明確に分かれる二〇世紀的な特徴を、経済学に取り入れた。同じお金儲けでも「金融」と「産業」は質が違う。そして、そうであればこそ、産業界の指導者に「経済騎士道」の精神を備えた人格者を据えても、それで資本主義の未来が明るいわけではない、と見ていたのである。より具体的には、「投資家」の資本は、イギリス国内でもっとも消費者が必要としている財・サービスの生産のために投資されるのではなく、たんに利回りが高いだけの対外投資に向かってしまい、「企業家」の動かすものにはならないのである。

金融（悪いお金儲け）が産業（よいお金儲け）の邪魔をしている。だから、悪いお金儲けを取り除くための政府の取り組みが必要になる。邪魔しているものが金本位制とか、金融立国の構造とか、とても動かしがたいものに見えても、果敢にそれを変えるための挑戦をする。これがケインズの基本姿勢である。

従来の経済学の論理を否定――ケインズ『一般理論』

投資家階級の利子を稼ぐお金儲けは、全体の富裕化に繋がらない。繋がらないどころか、富裕に導く価値を生み出している産業（企業家階級と労働者階級）の繁栄を妨げている。これが、一九二〇年代のケインズの思考から読み取れる彼の経済観である。持っているだけで儲かる利子収入よりも、財・サービスを生み出して儲ける利潤の方が大事だということだ。この経済観は、利子率の決まり方や貯蓄の意味を理論的に問い直した『一般理論』にも色濃く反映されている。

ケインズの『一般理論』は、非自発的失業（働きたくても働き口を見つけられない失業が発生している状態）が持続的に大規模に発生する可能性を理論的に説明した著作である。当然、その背景には、一九二〇年代から慢性的な不況状態にあったイギリスや、一九二九年以降のアメリカ発の世界大恐慌がある。この厳しい現実に立ち向かっていく――「市場の調整に任せる」のではなく、適切な制度・政策が必要であると訴える――ために、市場の自動調整能力を唱える従来の経済学を理論面から破壊しようとしたのである。

ケインズは、一国の全体としての経済活動の規模（GDP）は有効需要（実際にどれだけ売れるか）に制約される、と考えた。つまり、有効需要が少なければ、その国の生産資源はフルには活用されず、余ってしまうのである。言葉で表現すれば、この事態は容易に理解できる。企業が売れる見通しを持っていないから雇う労働者の数は少なくなり、よって人びとの消費需要も低い水準にとどまる。需要を構成する消費以外の要素は、政府と海外貿易をのぞけば、建物や機械を新規に購入する実物投資だが、売れる見通しがよくない以上、実物投資も低調である。したがって、有効需要（＝消費＋投資）は低く、生産量・雇用量も低い状態で経済は均衡する。その場合、現在の賃金水準で働きたいという意思を持っていても職を見つけることができない「非自発的失業」が発生する。

このように言葉で表現すると当たり前のように聞こえるが、この考え方は従来の経済学の基本である需給均衡の論理に反している。需給均衡の論理によれば、労働のような生産資源が余ってしまうことはないし、有効需要が不足してしまうということもない。市場の需給均衡の作用によって、経済資源はすべて利用され、その最大の生産能力に見合った需要が生まれるのである。

この需給均衡の論理——市場の自動調整能力——のカギとなるのは、資本市場の機能で

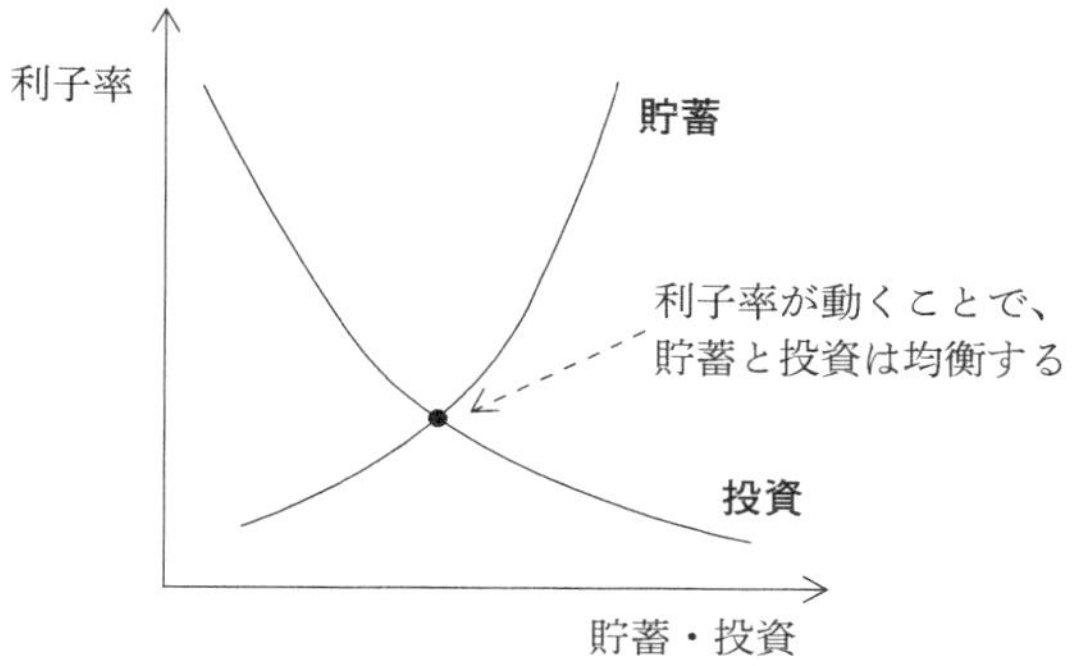

図3-3　資本市場の需給均衡：従来の経済学の考え方

ある。資本市場とは、貯蓄供給と投資需要が利子率を媒介にして均衡する場である（図3－3参照）。貯蓄（貸したい資金）が投資（借りたい資金）よりも多いならば、借り入れ条件である利子率が下がり、やがて需要と供給が一致する。このように資本市場が機能するならば、貯蓄意思の増減に合わせて投資も増減することになるので、「消費需要が弱いから実物投資も弱い」というケインズの想定が成り立たなくなる。

つぎのように考えてみれば、わかりやすいだろう。仮にすべての生産資源が使い切られ、生産資源の提供者それぞれに所得が渡されているとする（完全雇用状態）。この所得は、消費需要になるか、あるいは貯蓄される（政府と海外は捨象）。消費需要が所得の九〇パーセントだとすると、残りの一〇パーセントが貯蓄される。資本市場が機能するならば、その一〇パーセント分の貯蓄は適切な利子率の下で投資需要になる（資本市場の需給均衡）。

そこから、消費を八〇パーセントに減らし、貯蓄が二〇パーセントに増えたとしよう（貯蓄供給曲線が右にシフト）。すると、貯蓄供給が投資需要よりも多くなり、利子率が下がって、新しい均衡点に移る。貯蓄は増えたが、その増えた分は資金を借りて投資したい人の手にわたり、機械や建物の需要につながる。こうであれば、消費需要が減っても、投資需要が増えるので、その総和は、つねにすべての資源を使い切った生産価値額に等しくなる。よって、ケインズの想定する「有効需要の不足」はあり得ないことになる。

しかし、ケインズはこの従来の経済学の論理を否定する。利子率は、今期のフローである貯蓄と投資を均衡させるように決まるのではなく、ストックである債券と貨幣のあいだの選択によって決まる、とケインズは考えるのである。資産保有者は、どのような形態で資産を持てばよいかを選択している。債券が値上がりしそうだ（利子率が下がりそうだ）と考えれば債券を多く保有し、債券が値下がりしそうだ（利子率が上がりそうだ）と考えれば貨幣（＝いつでも別の資産に替えられる流動性）に自分の資産を置いておくだろう。この資産保有者たちの予想の結果として、債券価格（利子率）が決まっているのである。ケインズは、この利子率の決まり方を「流動性選好理論」と呼んだ。

流動性選好理論と不確実性

流動性選好理論の背景には、ケインズの不確実性に関する独特の考え方がある。ケインズは、経済のプレイヤーたちが、将来何が起きるかわからないという世界でいろいろな決断をしなければならない状況にあると考えた。「将来がわからない」というのは、不確定で確率的な事態に直面しているというのではなく、確率すらよくわからない世界であるという意味である。事態を完全に見通していない人びとが債券を売買するので、債券価格は上がると思う人が多ければ上がり、下がると思う人が多ければ下がる。つまり、債券価格は他の人びとがどう考えるか次第である。言い換えれば、そのときの人びとの信じている慣行が、債券価格を決めている（＝利子率を決めている）のである。

もしも現実が不確実性の世界でないとしたら、こうした利子率の決まり方にはならない。将来のことはお見通し（少なくとも不確定な事態がどの程度の確率で起こるかわかっている）ならば、それにもとづいて債券を買うかどうか決めればいいのであり、人びとが何を信じているかなど問題ではないからである。

さて、人びとが債券を売ったり買ったりすることで、債券価格（つまり債券の利回り）が決まっている、とケインズは考えている。こう考えることで、利子の持つ意味、そして貯蓄の持つ意味が、従来の経済学とまったく違ったものになる。

従来の経済学では、資本市場（貯蓄と投資の均衡）によって利子率が決まると考える。そこでは、貯蓄は美徳である。消費者の利益につながる事業をおこなうための投資資金需要に、貯蓄供給者が応えているからである。貯蓄は全体の利益につながっている。よって、利子とは、全体の利益につながる貯蓄をしてくれたこと（消費を我慢してくれたこと）に対する報酬と位置づけられる。全体の富裕化につながるお金儲けだから、「よいお金儲け」ということになる。

ところが、流動性選好理論に登場する人びとの行動はどうか？ 資産を売り買いしている人びとは、全体の利益につながる行動をしているのではない。実業に融資する銀行ならば、顧客を満足させる有望な事業を選んで融資しているのだから、それが全体の利益につながっているのだということもできるだろう。だが、資産をどういうかたちで持つかを選択しているだけの売り買いには、誰かを満足させるという要素がどこにもない。彼らは彼ら自身の慣行的な予想のなかで、それがつづくかどうかの判断をしているに過ぎない。債券価格が持続すると大方が考えるならば、債券価格は安定する。債券価格が下落すると大方が考えるならば、債券価格は下落する。この集団的に見れば自作自演の世界（消費者とは無縁の世界）が、利子率を規定し、実物投資水準、そしてＧＤＰを規定してしまうのである。

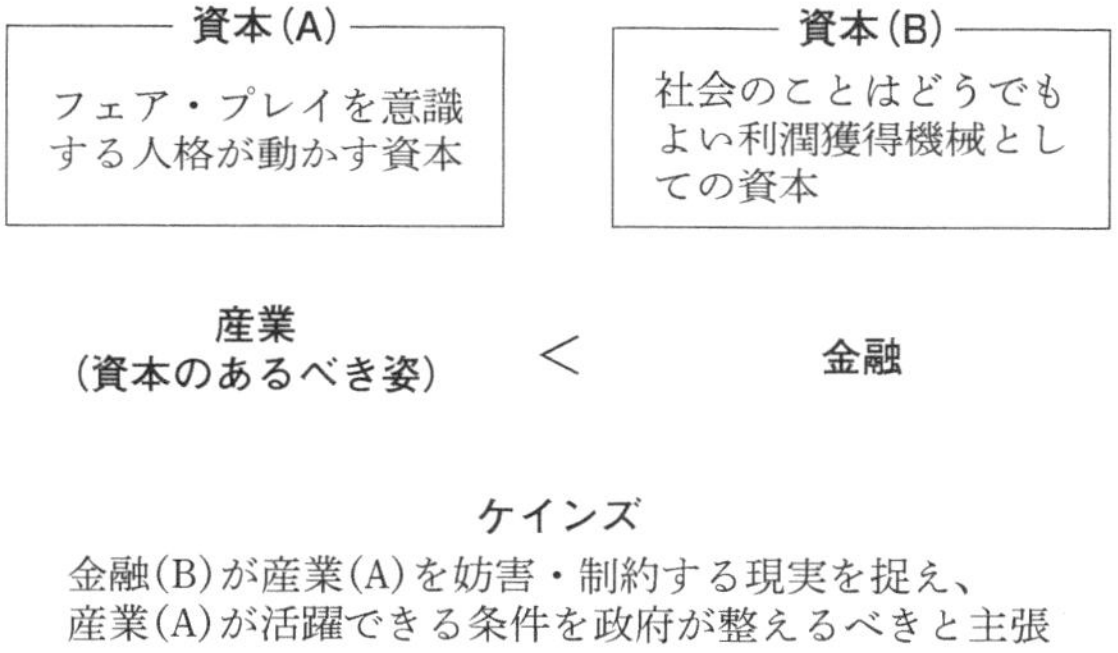

図3-4　ケインズの「産業」と「金融」

利子というお金儲けも、貯蓄という行為も、全体の富裕化を促進する役割を担ってはいない。逆に、利子率が高かったり、貯蓄が多かったりすれば、富を創造する産業活動が正常に機能しなくなる。だからケインズは、政府の役割を重視するのである。政府は、利子率を低く保ち、公的支出によって有効需要を高く保つことで、民間企業の産業投資が活性化する環境を作っていかなければならないのだ（図3－4参照）。

「金融」が「産業」を乗っ取る投機資本主義

金融（悪いお金儲け）が産業（よいお金儲け）の邪魔をしているというケインズの経済観は、彼の株式市場の見方にも表れている。株価はその企業の将来の収益を評価したものであるから、有望な事業を営めば株価は高くなる。そして、それは有望な事業をおこなおうとする企業を後押しする。したがって、健全な株式市場は、成長するべき企業を助け、全体の富裕化を促進する。これが株式市場のあるべき姿である。そうであれば、株式市場でのお金儲けは「よいお金儲け」である。ところが、ケインズは、株式市場はこのようには機能していないかもしれないと指摘した。

すでに示したように、ケインズは、資産保有者と実物資本を動かす人は違うという認識を持っていた。株式会社の場合、会社の所有者である株主と、会社を実態として動かしている事業経営者は違うということである。これはいわゆる「所有と経営の分離」という現代の株式会社の特徴である。株主は直接経営に関与することは少なくなり、経営は専門性を持った経営者に委ねられる。

こうして株主と会社経営のあいだに距離が生まれると、株主は会社経営に関する実態的な情報をじゅうぶんに持たなくなる。株を売り買いしている人たちは、その会社についてのじゅうぶんな情報を持たないままに売り買いの判断をしなければならない。そうすると、長期的にその企業がほんとうに高い収益を上げる能力を持っているかではなく（それは株取引者からはわからない）、ほかの株取引者たちがその株を高値で買いそうかを基準に売買することになる。人気の集まりそうな株を、じゅうぶんに値上がりする前に他よりも早く買うのである。

ケインズは、株式市場における企業価値の評価が互いの評価の読みあいになることを「美人投票ゲーム」にたとえた。美人投票ゲームとは、「一〇〇枚の写真から六人のもっとも美しい人を選び、参加者の平均的な好みに最も合致した選択をした参加者に賞が与えられる」というゲームである。参加者が六人を選び、それが全体得票の一位から六位までと合致していれば賞がもらえると考えればよい。

参加者がこのゲームに勝ちたければ、自分が美人と思う基準にしたがって投票するのではなく、他の人が誰を美人と思うかを基準に投票するだろう。しかし、他の人がどの写真の人を美人と判断するか、よくわからないとしよう。そのとき、このゲームに勝つためにするべきことは、人びとのほんとうの意見において誰を美人とみなしているかを突き止めることではない（人びとは各自のほんとうの意見にしたがって投票するのではないのだから）。そうではなく、「参加者たちの票がどこに集まると参加者たちが考えるか」を見抜こうとする。

例えば、影響力の強いある参加者の六人の選び方が知られているとして、多くの人が影響力を認めてそれに従うならば、実際にその六人に投票が集まるだろう。影響力の強い選び方の基準が三つぐらいあって、そのどこにつこうかと参加者たちの票がふわふわと漂うかもしれない。

このゲームの要点は、人びとのほんとうの意見とは別のところで争われるということと、多数派に入れば勝てるが、その多数派の選び方の基準に実態的な根拠がないということである。株式会社の真実の価値（実物資本の長期的収益性）を株取引者たちが知らないならば、株式市場は美人投票ゲームと同じになる。

ふわふわと動く人びとの思惑を予想するなどという株の売買は、いかにも素人っぽい。そんな素人たちが根拠なきギャンブルで損をしているあいだに、金融のプロたちは企業の真実の価値を見抜いて得をしているのだ、と思われるかもしれない。だが、ケインズは、そうではないのだという。金融のプロが素人を上回っているのは、真実の価値を見抜く能力ではない。プロはふわふわと動く人びとの思惑を先んじて把握する（あるいは先んじてそれを作り出す）能力において、素人を上回っているのだ、と。しかも、ケインズはさらに、このゲームはプロの利益のために素人が損をする必要もないという。資産を運用するという仕事にカネを払う人がいる以上、あとは資産を運用するプロ同士でこの虚々実々の戦いをつづければいいのである。

では、株式市場が「美人投票ゲーム」の場になってしまうと、どういうことになるのか？　ケインズは事業経営の根幹の部分が変質してしまうかもしれない、と考えている。その理由は、以下の通りである。これから生産資源を何に向けて投下するかを決めるのは、諸産業に関する知識を有した事業経営者たちである、と普通は考えられている。事業経営者たちは、一〇年、二〇年先に自分の会社がしっかりとした利益を上げられるように、慎重に考えられた投資をするだろうということだ。しかし、事業経営者が株価を気にして経営しているとどうなるだろう。例えば、株価を上げなければ株主総会で経営者交代というプレッシャーがかかっているとすれば、どうだろう（あるいは、ケインズの時代にはないけれども、株価を上げればストック・オプションでボーナスをたっぷり得られるとすればどうだろう）？

株価を気にする経営者は、「美人投票ゲーム」である株式市場に向けて、高株価を演出する情報を流そうとするだろう（例えば、強引なリストラによって予想以上の利益がでた決算発表をするなど）。彼らの経営のめざすところは、一〇年、二〇年先のその会社の収益性ではない。たとえそれを犠牲にしてでも、今一時の高株価を演出しようとする。これは、すなわち、生産資源を何に向けて投下するかという事業経営者の判断が、実務にかかわる慎重な知識にもとづく長期的なものではなくなるということだ。資本を責任を持って預かるだけの知識を持った実業家が舵を取るのではなく、なんの知識もない株取引者に対するご機嫌取りが経営判断の中心に来てしまう。資本主義におけるもっとも重要な判断が、正しい知識にもとづいていないとすれば、それは資本主義経済そのものを根幹から揺るがすといっても過言ではない。ケインズは『一般理論』のもっとも生き生きとした第一二章において、つぎのように警告する。株取引者たちの「投機」が、事業経営者たちの「実業」を支配してしまうならば、資本主義はうまくいきそうにない、と。

ケインズの不確実性論と現代の経済学

ケインズの経済学の背後には、すでに見たように、不確実性（将来のことは確率すらわからない）の下で人びとが行動しなければならないという独特の経済観がある。そして、それが流動性選好理論や株式市場における「美人投票ゲーム」のたとえに繋がっている。この部分は、自動調整的な市場観を乗り越えるための理論的な核であり、また「金融」に主導権を渡してはいけないという大きな方針を打ち出す根拠にもなっている。

だが、この不確実性に関する見方は、理論化・定式化が難しいという面があり、後の経済学者たちに継承されなかった。やや寄り道になるが、ケインズの経済学のその後を見ることで、学問の歴史がたどる興味深い道筋を紹介したい。

通常、ケインズの考え方を第二次世界大戦後に引き継いだのは「ケインジアン」と呼ばれる人びとである。一時代を画した教科書『経済学』（初版一九四八年）を著わしたアメリカの経済学者ポール・サミュエルソンが、その代表者である。ケインジアンは財政金融政策によってマクロ経済をコントロールする必要があるという考え方を打ち出し、実際に政策にも活用された。

けれども、ケインジアンは、ケインズのラディカルな不確実性観を採用しなかった。確率としてわかる不確定性・合理的経済人・需給均衡理論を前提とする従来の経済学の枠組みのなかで、それでも市場の適切な機能はじゅうぶんに作用しきれず、放っておけば失業問題が起きてしまう、と論じたのである。つまり、ケインジアンは、根本的な経済観については ケインズを継承せず、財政金融政策でマクロ経済をコントロールすべきだという考え方においてのみ、ケインズを継承したのである。悪く言えば「俗流ケインズ主義」である。

その後、ケインジアンは一九七〇年代にマクロ経済のコントロールに失敗して、政策指針としての信用を失っていく。そのなかで、ケインジアンの理論的基礎が問われることとなった。もっとも徹底した批判者はロバート・ルーカスである。ルーカスは、確率としてわかる不確定性・合理的経済人・需給均衡理論という前提をとるならば、「非自発的失業」というのはあり得ないと主張した（より正確には「確率としてわかる不確定性」の部分はルーカスでは「合理的期待形成」となるが、その意味するところは変わらない）。つまり、ケインジアンの考え方の全否定である。

ルーカスの議論は、一つの理論的前提を突き詰めた思考実験である。だから、そこから

「ケインズ政策はすべて無効である」といった現実的な結論を出すのは馬鹿げている。ルーカスの議論は──ルーカス自身の意図は別かもしれないが──、経済学が現実に向き合うならば何を見直さなければならないかを示しているのである。そして、実際に現実の経済学は、合理的経済人の前提を見直す方向（例えば行動経済学）、そして需給均衡理論を見直す方向（例えば情報の非対称性の経済学）に向かった。

ケインズの経済学は奇妙な浮き沈みを経験してきたと言ってよいだろう。ケインズの経済学は、まずは「俗流ケインズ主義」に引き継がれた。「俗流ケインズ主義」は、従来の経済学の思考法を引きずり、ケインズの本質的な部分を継承しないままであった。「俗流」ではあるが、その政策は、一九六〇年代までは成功した。

ところが、一九七〇年代に政策としてうまくいかなくなると、理論的基礎を問われた。つまり、引きずっていた従来の経済学の思考法を徹底すれば、ケインジアンのような結論になるはずがないという批判を受けたのである。結果として、これは「俗流」であった部分、つまり、従来の経済学を引きずっている部分を見直す契機となった。合理的経済人の想定や需給均衡理論を問い直され、行動経済学や情報の経済学といった新しい経済学が構築された。

これが現在の経済学である。市場が完全予定調和であるという考えは、少なくとももまともな経済学者のなかでは生き残っていない。それを未だに主張するのは、現実と向き合う必要のない理論家か、自由主義の扇動家だけである。どんな経済学者でも、市場を適切に機能させるためにはさまざまな制度・政策・慣行が重要であることを理解している。人間の行動が必ずしも合理的ではないことも、いまや多くの経済学者が認めている。従来の経済学を否定したケインズの視点は、直接的に彼の不確実性論に触れるかたちではなくても、現代の経済学においてかたちを変えて生きているのである。

このケインズの経済学が辿った歴史は、思想史を学ぶわれわれに一つの教訓を残してくれている。それは、「表面的な浮き沈みに惑わされるな」ということである。ケインジアンだ、マネタリストだといった一世を風靡した論争は、じつはケインズの本質を外した空騒ぎにすぎなかったのである。経済学を思想としてとらえ、その歴史的な展開を摑もうとするならば、その経済学説=思想の核心を理解しなければならない。

ケインズ政策の真の意味

さて、寄り道から戻り、ケインズの経済学の思想史的な位置づけをもって、本章を締めくくろう。

ミル、マーシャルは、会社が相応《ふさわ》しい人間によって経営されるならばという条件で、資本主義経済を肯定的にとらえた。そして、それはケインズも認めている。お客さんを大事にし、財・サービスを提供するように努力し、またそのために労働者をフェアに扱い、活気ある企業組織を作り出す産業の指導者こそが経済の主役であるべきだとケインズも思っている。

しかし、よい人物に会社の経営を託すというだけでは解決できない問題がある、とケインズは考えた。それが「金融」の力である。資産の所有者たちのお金儲けは、全体の富裕化の促進とは切り離されている。彼らが利益を得ることと、社会全体の富裕化は関係ない。関係ないどころか、「産業」の価値創造の障害になりさえする。それは、スミスの条件を満たさない「悪いお金儲け」である。

スミスが挙げた資本主義の道徳的条件を、もう一度見てみよう。

①自由競争市場がフェア・プレイに則った競争の場であること、特に資本を動かす人間がフェア・プレイを意識する人間であること

②資産を事業に活用するのではなく、貸し出して利益（利子・地代）を得ようとする場合、その行動が資産をよい用途に向けていく助けになり、全体の富裕化を促進すること

③強者が弱者を支配せず、相互利益の関係を結び、弱者の側の能力も活かされること

ケインズが問題にしたのは②である。貯蓄者は、全体の富裕化に繋がる産業投資を増やすことに貢献しているわけではない。「貯蓄→投資」のルートは切れているのであり、ときの技術的・心理的な要因で決まる投資の大きさに見合わないほど高い貯蓄性向は、有効需要を減らし、投資を挫くことになる。こうなれば、貯蓄はもはや全体の富裕化を妨げる「悪いお金儲け」になる。しかも、貯蓄者の利益である利子は、資産保有者たちの流動性選好によって決まるのであり、誰かの喜びを生み出したことによる報酬ではない。さらには、実業の知識のない投機家たちが株で利益を得ようと「美人投票ゲーム」をくりひろげるならば、実業の正しい資本投下を妨害する可能性がある。

よって、ケインズが示す処方箋は、資本主義経済をまちがった方向に歪める「金融＝所有者の利益追求」の力を抑え込み、「産業＝価値を生み出す活動による利益追求」が自由競争経済の下でその潜在的な力をフルに発揮できるようにすることであった。端的に言い換えるならば「悪いお金儲け」をさせないようにし、「よいお金儲け」ができる環境を整えることであった。そのためには、貨幣を自らの手で管理して利子率を下げなければならない。外から借金取りに脅かされ、国内産業を犠牲にするようなことがないように、国際

的な制度が必要である。また、貯蓄超過による需要不足に、さまざまな政策を講じてマクロ的に対処しなければならない。こうして「金融」がかける制約を外し、「産業」が活躍できる条件をつくるのである。その目的のために政府が積極的な役割を果たすこと、それが「ケインズ政策」の真の意味である（不況になったら財政赤字で公共事業というのがケインズ政策という理解は浅すぎる）。

真の意味でのケインズ政策によって「産業」が活躍する条件を整えることができたならば、そのうえにこそ、フェア・プレイの精神を持ったまっとうな実業が開花しうるし（条件①を満たす）、弱者や発展途上国の成長・活躍が望めるようになる（条件③を満たす）のである。

章のはじめに注意を喚起したように、ケインズの経済学はスミスの自由放任主義を倒したのではなく、スミスの挙げた資本主義の道徳的条件をケインズの時代の現実——所有者のお金儲けが全体の富裕化に繋がらない現実——において満たそうとしたもの、と位置づけられる。

ミル、マーシャル、ケインズは、フェア・プレイの競争とも、社会全体の富裕化とも切り離された、自分勝手なお金儲けを否定した。資本主義がその方向に動いてしまうことを、必死に食い止めようとした。次章でとりあげるマルクスも、スミスを参照基準としつつ、資本主義経済の反社会性・非道徳性を批判したという点は、ミル、マーシャル、ケインズと同じである。マルクスの方がケインズよりも前の時代の経済学者——マルクスが一八八三年に亡くなり、同年、ケインズが生まれている——なのに、マルクスを後に採りあげることには理由がある。それは、マルクスの資本主義を乗り越えるための方策のなかに、現代においてスミスの条件を満たすために何が有効なのかを探る手がかりがあるからである。

【ケインズの著作】

Keynes, J. M.（1923）, *A Tract on Monetary Reform*, the Collected Writings of John Maynard Keynes, vol. 4, 1971.（中内恒夫訳『貨幣改革論』〈『ケインズ全集』第四巻〉東洋経済新報社、一九七八年）

——（1936）, *The General Theory of Employment, Interest and Money*, the Collected Writings of John Maynard Keynes, vol. 7, 1973.（間宮陽介訳『雇用、利子および貨幣の一般理論』上・下、岩波文庫、二〇〇八年）

【ケインズをもう少し深く知りたい方のために】

〔1〕伊東光晴（一九六二）『ケインズ――〃新しい経済学〃の誕生』岩波新書。

〔2〕――――（一九九三）『ケインズ』講談社学術文庫。

〔3〕根井雅弘（二〇一七）『ケインズを読み直す』白水社。

ケインズの経済学を理論・思想・時代背景の連関のなかでとらえた〔1〕は、旧い著作であるが未だに優れたケインズの入門書である。〔2〕は、『一般理論』を理論としてしっかりと理解したい人にとって、導きの糸となるだろう。〔3〕は、高校生向けに書かれた『ケインズを学ぶ』（講談社現代新書、一九九六年）の改訂版であり、わかりやすい啓蒙書として推薦したい。

初学者であってもケインズ自身の文章から、彼の挑戦的・挑発的な魅力を感じ取れるだろう。『貨幣改革論』や「自由放任の終焉」を含む中公クラシックスに収められた諸論考、『説得論集』、『人物評伝』、そして『一般理論』では投機の問題を扱った第一二章などを読んでほしい。

第四章　マルクス――「私有」を問い直す

マルクスは生きている

マルクス（一八一八〜八三年）は、常識的には資本主義を否定し、社会主義を主張した経済学者である。そして、社会主義という経済体制は、ソヴィエトという社会主義国家の経験により、歴史的に失敗であったと評価されている。したがって、マルクスは、時代遅れの経済学者とみなされがちである。

しかし、マルクスの資本主義批判は奥の深いものであり、資本主義を乗り越える方策についても示唆に富んでいる。とくに「私有」という概念を批判的に考察した部分は、学ぶところが多い。私は、マルクスの経済学を、スミスの示した資本主義の道徳的条件を満たすための試みと位置づけ、ミル、マーシャル、ケインズとの共通性を見出したい。そして、さらに、マルクスの所有に関する考察から、現代における会社のあり方について示唆を得たい。

では、マルクスを理解するために、彼の思考の基底部分に必ず存在している「私有」の問題を中心に、思考の遍歴を辿ろう。

「私有財産権」は誰のための権利か？

カール・H・マルクスは、一八一八年にプロイセンのライン地方（フランスとベルギーの国境近く）のトリーアで生まれた。トリーアはナポレオンが敗退するまでフランス統治下にあり、フランス革命の自由主義的な思想が人びとに浸透していた。マルクスの父はトリーア市の法律顧問をしていた弁護士であり、自由主義的な思想を持っていた。当時の自由主義とは、すなわちプロイセンの権力的な支配を排し、人びとの自由と平等な権利を守るように主張することであった。マルクスは、父やトリーアの土地柄から、自由主義的な考え方になじんでいた。

Karl Heinrich Marx（1818-83）

一八三五年、マルクスはボン大学に入学し、つづいてベルリン大学に転校した。はじめは法律を学ぶ予定だったが、哲学・歴史に関心を持ち、一八四一年にイェーナ大学で博士号を取得するが、社会変革を主張する「ヘーゲル左派」に属していたために大学教員職には就けなかった。一八四二年、ケルンで『ライン新聞』の編集者となり、現実の諸問題に直面した。そのなかで彼の思想形成史において重要なのは、木材盗伐問題である。

従来、森は入会地であり、周辺住民が出入りして薪を取ってくることが慣習的に認められていた。ところが、近代の「私有財産権」という考え方が広まってくると、森の土地所有者が「ここは私有地だから、勝手に入るな。薪は私のものだから、勝手に持っていくのは泥棒だ」と主張するようになった。そしてライン州議会は、そのような土地所有者の言い分を聞き、木材盗伐取締法を制定しようとした。

『ライン新聞』編集者であったマルクスは、この問題にどのような態度をとるべきか悩んだ。「私有財産権」は自由主義的な思想のなかで重要な位置を占める大事な権利である。自由主義は、特権的地位にある者たちが支配するのではない、一般の人びとの自由と権利を守る考え方である。その理念（＝フランス革命の精神）の実現を正しいことと考える雰囲気のなかでマルクスは育った。ところが、その自由主義が主張する権利の一つである私有財産権が、慣習的権利を奪い、人びとを苦しめている。これはいったい、どういうことか？

私有財産権というのは人びとのための権利ではなく、一部の持てる者だけの権利だから、それを廃止して友愛の共同体を建設すべきだという過激な「社会主義」思想（フラン

ス で強い)があった。こちらの方が正しいのか? はっきりとした自信を、マルクスは持てなかった。

そのような諸問題に直面しながら『ライン新聞』の論調は、次第に社会主義寄りになっていった。社会主義は危険思想なので、一八四三年、プロイセン当局は『ライン新聞』を発禁処分にした。マルクスは編集者を辞して、もう一度勉強が必要とパリに向かった。一八四四年、マルクスは『独仏年誌』という雑誌をはじめたけれども、これもプロイセン当局によって発禁処分となり、マルクスに逮捕状が出された。

「私有財産権」を乗り越えて、新しい経済体制へ

マルクスは『独仏年誌』に掲載されたエンゲルスの論文を読み、自分には経済学が足りないと感じ、経済学の猛勉強を開始した。私有財産権を擁護する既存の経済学から、私有財産権の積極的な意義を学び取ろうとした。

マルクスは、アダム・スミスから多くを学んだ。スミスが擁護した私有財産権とは、自身の労働の成果を自分のものにできるということであり、またそれを自身の労働を拡張する基盤として活用できるということである。その私有財産は、芸術家の自分の作品のように、大工の鑿《のみ》や鉋《かんな》のように、自身の活動の分身である。それらの権利が保障されているの

は、よいことである。マルクスは、そこに私有財産権のプラス面を見る。

ところが、私有財産を増やす自由がある世界は、「雇う側」と「雇われる側」に分かれ、私有財産を資本として使い、つぎつぎと利潤を生みだす自由をも認める世界になる。ここでは私有財産は、自身の労働の成果でもなければ、自身の活動基盤でもない。心血を注いだ製作者の喜びも、作品を享受する人間の喜びも無縁の、ただカネで表示された価値に過ぎない。ここに、私有財産権のマイナス面を見る。

マルクスは、このマイナス面を直視しなければ現実は理解できない、と考えた。にもかかわらず既存の経済学は、カネで表された価値の増殖をそのまま肯定してしまっている。だからマルクスは、既存の経済学を乗り越え、「私有財産権」がプラスからマイナスに転じてしまう理由を突き止めようとした。経済学を研究し、つかみ取ったのは以上のような大きな方針であった——それは当時の考えを書き綴った『経済学・哲学草稿』にうかがえる。

マルクスは「私有財産権」を乗り越えた「共産主義」を、めざすべき理想として掲げていた。では、「共産主義」がいかにして実現するかを考えたとき、「唯物史観」という独自の歴史観に辿り着いた。

「唯物史観」とは、おおよそつぎのような考え方である。生み出されたものが価値づけられ、交換され、誰かのものになっていくあり方を、マルクスは「生産関係」と呼ぶ。この生産関係は、ものの生産がどのようにおこなわれるか（生産諸力）によって規定される。例えば、生み出されるものの大部分が土地からの産物であるとき、土地の支配者に富が集中する仕組みである「封建制」になる。生産諸力（生産の技術的条件）に合致した生産関係（交換と分配の仕組み）になるということだ。

生産諸力と生産関係がかみ合っているとき、生産関係は変わらない。だが、生産のあり方は時代とともに変化していく。生産のあり方に変化が起きて、既存の生産関係と合致しなくなったとき、生産関係が新しいものに変わる。例えば、市民の商工業によって生み出される富が多くなると、土地からの富が主であることに対応した封建制という枠組みと合致しなくなる。そこで、市民革命を経て、自由競争と私有財産権をベースとする「近代市民社会」になる。このように、生産諸力の側から歴史の大きな流れを説明するのが、マルクスの「唯物史観」である。

ここから、マルクスは将来の体制変化を読み解く。現在は、近代市民社会の延長上にある資本主義経済（マルクスの言葉では「資本制生産」）である。資本主義経済は魔法のような過剰な生産力をもたらしてくれるが、生産能力の過剰ゆえに需給バランスを崩し、必然的に恐慌に陥る。時代を経るにしたがって技術が高度化し、資本が大規模化していくので、恐慌をくりかえすごとにそのダメージは大きくなる。そして、やがて克服不可能な恐慌となり、「私有財産権」を基礎とする資本主義の体制は崩れる。これが資本主義経済の分析から帰結する必然的な未来である、とマルクスは主張する。一八四八年、共産主義者同盟の綱領として書かれた『共産党宣言』は、まさにこの歴史観を提示することで、体制変革＝革命を鼓舞したものである。

一八四八年はフランスに二月革命が起こり、その影響でドイツ各地でも三月革命が起きた年でもある。「封建制→近代市民社会（～資本主義）→共産主義」の順番と当時のマルクスは考えていたので、まずは市民革命（近代市民社会の確立）が必要であり、その意味で三月革命は望ましい事態であった。彼は同年四月にケルンに戻り、『新ライン新聞』を発行した。しかし、その後、プロイセン国王の勢力が盛り返して革命は失敗、『新ライン新聞』は発禁処分となり、マルクスは国外退去を強いられた。ドイツ、フランスの各地を逃れ、最終的にはロンドンで生活することとなった。

「私有財産」の意味は変質する

一八四九年からロンドンに住むことになったマルクスは、大英博物館の図書室を使いながら、経済学研究の仕上げに取り掛かった。その過程で書かれた「資本制生産に先行する諸形態」（一八五七〜五八年）は、私有財産権の問題を中心に見ている我々にとって、きわめて重要な草稿である。

マルクスは、近代市民社会以前の共同体を、所有のあり方に注目しつつ三つの類型——アジア的・ローマ的・ゲルマン的共同体——で把握した。アジア的共同体は専制君主が支配する共同体であり、所有という観点で言えば、専制君主がすべてを所有している（共同体の成員たちは占有しているに過ぎない）ので、「私的所有」は登場しない。よって、注目すべきは「私的所有」が登場するローマ的共同体とゲルマン的共同体である。

古典古代（ギリシャ・ローマ）のローマ的共同体の出発点は、集団で定住をはじめた都市である。ここは我々の土地であると定めて公有（publicの所有）とし、そこから共同体のメンバー（諸家族）が生活するうえで必要な土地を私有地として分配する。「私有（privateな所有）」とは、何をしても勝手な領域であり、その領域の内と外が隔てられていて、他人は入れない。割り当てられた私有地における生産によって共同体メンバーは再生産され、共同体全体のための活動——最も重要なのは共同体の防衛のための軍役——に従事する。これがローマ的共同体の原型である。

この原型としてのローマ的共同体においては、私有財産と自身の労働が密接に結びついている。共同体メンバーの再生産のために割り当てられるので、私有財産の分配は平等である。ところが、この私有財産権の中身は変質していく。他の集団を軍事的に征服することによって奴隷や征服地を獲得すると、私有財産としての土地は自らの労働を離れ、奴隷を働かせて好きなだけ儲けるための手段となる（奴隷制大土地所有）。こうして私有財産の持つ各自の生活条件という意味合いは消え、好き勝手に儲けてよいという性質だけが浮き彫りになるように変質する。

つぎに、ゲルマン的共同体に移ろう。ゲルマン的共同体の出発点は、集住していない、自立したメンバーたちの自発的意思による連合である。だから、ローマ的共同体と違い、はじめに公有があり、そこから私有を切り分けるという作業はない。はじめから各メンバーが自足のための私有財産を持っている。もちろんその私有財産は、それぞれのメンバーの労働と密接に結びついたものである。この自由で独立した個人たちが必要性があって共同で何かをする（例えば軍事力の結集）場合、個の自立性と対等性が尊重される。個が集団に従属するのではないことは、共同での決定が民会による全会一致という形態をとることによって保障される。これが古代ゲルマン社会の原型である。

しかし、ローマ的共同体の変質と同じく、軍事的征服や共同体内の貧富の格差の拡大が起こり、「自由で対等な個人」という前提は崩れる。私有財産としての土地は自身の労働を離れ、農奴を働かせて収益を上げる手段となっていく（マルクスによる古代ゲルマン社会の

① ローマ的共同体

自身の労働の場(自立の基盤)としての私有財産 → 奴隷を働かせて儲けるための財産

② ゲルマン的共同体

自身の労働の場(自立の基盤)としての私有財産 → 農奴を働かせて儲けるための財産

③ 近代市民社会

自身の労働の場(自立の基盤)としての私有財産 → 労働者を働かせて儲けるための財産

図4-1　マルクス：私有財産の変質

理解は、一九世紀のドイツ歴史学研究を参照したものである。当時のドイツ歴史学は自由・独立のゲルマン人という特徴を誇張していたとして、現在では修正されている。そのような限界があるとしても、マルクスの主張する、「私有」による変質というメインテーマは、説得力のあるものである)。

ローマ的共同体、ゲルマン的共同体のどちらでも、私有財産は最初は共同体メンバーの生活条件であり、各自の労働と結びついた財産であった。けれども、それが好き勝手に儲けるための手段へと変質してしまう。このような変質を起こす契機は、他から隔てられた「私有」にある、とマルクスは見る。「私有」は、社会とは切り離された領域を作るので、奴隷制であろうが、農奴制であろうが、自由にしてよいのである(図4-1参照)。

近代市民社会の変質としての資本主義

マルクスは、同様の私有財産の変質を、近代市民社会から資本主義への変化にも見出す。近代市民社会における私有財産権は、理念においては、自分の労働の成果を自分のものにできることであり、またその財産を自分の労働の場を拡大するために使う自由があるということであった。つまり、私有財産と自身の労働が密接に結びついている。

ところが、生産に大規模な機械を必要とし、「雇う側」と「雇われる側」に分かれるようになれば、資本の「私有」財産としての側面が前に出てくる。雇用契約は、形式的には対等な人間同士の自由意思にもとづく契約であるが、実質的には低賃金の強制であり、その結果として資本は利潤を稼ぎ出す。資本の所有者は「私有財産権」があるので、それを使ってできるだけ儲けることが認められている。かくして、フェアな評価という人格的関係とは無縁の、利潤獲得機械としての資本が出てくるのである。

この近代市民社会と資本主義の対照は、アダム・スミスにおける「努力の等価交換経済」と「資本主義経済」に対応している。マルクスは、スミスの「努力の等価交換経済」を高く評価している。

お客さんの喜びとなるものを、自分の能力のかぎりを尽くして作りだす。その労働は社会的に意味のある有意義な生命活動である。そして、その努力は市場を通じて公正に評価される。それはすなわち、同じく努力をした人間から、その努力は価値があると認められることである。ここには製作者と享受者のあいだの共感、そして努力をする者同士の苦労を分かち合う共感がある。労働も消費も社会的な生命活動であり、そのなかで社会性と感受性を鍛え上げていくことが人間としての本来の姿であると考えるマルクスにとって、スミスの「努力の等価交換経済」に見られる「努力と喜びの相互共感」は、その理想に近いものである。

しかし、それは、誰もが働く世界、たとえ資本があっても自己の労働の場としての資本であるような小生産者の世界でしか成り立たない理念的な経済像である。価値が貨幣に代置され、資本が私有財産権ゆえに利潤獲得機械化すれば、スミスの示した世界――貨幣的取引の背後に社会的・倫理的な関係がある世界――は崩れてしまう。それが「資本主義」である。この変質を起こしたカギは「私有」である。だから、マルクスは、来るべき未来社会において「私有」を取り除こうとするのである。

資本主義の先にある「individual な所有」

マルクスは、経済学研究の総仕上げをめざして、「資本制生産に先行する諸形態」を含む『経済学批判要綱』（一八五七〜五八年）、『経済学批判』（一八五九年）を書いたが、その時点で著作プランは膨大になっていた。まとめるより早く、新しいアイディアが渦巻くので、先の見えない作業になってきた。

そこでまずはもっとも肝心な「資本」を軸にして著作にまとめようと考え、一八六七年に『資本論』第一巻が出版された。価値が貨幣に代置され、資本が利潤獲得機械となり、過剰生産による恐慌を引き起こすという話の大きな筋道は、マルクスの思索過程を追うなかですでに出てきているので、ここではくりかえさない。ここでは、第一巻のハイライトである資本主義の先にあるもの、つまり「私有」を乗り越えるとはどういうことかに関心を集中させよう。マルクスは、第一巻の終盤で、つぎのように述べている。

資本主義的な生産様式から生まれる資本主義的な取得様式［だれがどれだけ取るかの仕組み］、つまり資本の所有者が利潤を私有するやり方は、各個人が自分の労働の成果を私有財産にできるという所有のあり方を否定するものである。しかし、資本主義は、自然の必然的なプロセスを経て、否定される［恐慌によって崩壊する］。これは、否定の否定である。この否定は、［元の自分の労働に基づいた］私有に戻るのではない。資本主義時代の成果を基礎とする個人的所有をつくりだす。つまり、働く者たちが会社という場で協業し、労働のための土地と生産手段［機械等の会社財産］を働く者たちが共同占有する。（マルクス『資本論』第一巻第七篇第二四章、訳（下）五七四〜五七五ページ＊）

私有（私有財産という所有のあり方）は原文ではPrivateigentum（英語ならばprivate property）、個人的所有はindividuelle Eigentum（individual property）である。ここで述べられている、資本主義の先にある「個人的所有」とは何を意味するのか？　それを理解するためには、かつてのローマ的共同体、ゲルマン的共同体において、「私有」のなかにも含まれていた「個人的」要素を見る必要がある。

個人的な所有（individualな所有）とは、他者と隔てる完全な壁がある私有（privateな所有）と違い、社会的なつながりを前提とする。例えば、ローマ的共同体において、私有地のなかはどのように使おうが自由である。けれども、都市における土地であれば、そこに建物を建てる場合に外観や高さなど、一定のルールに従わなければならない。これが、社会的な繋がりを持った「個人的所有」である。個人のものだが、同時にみんなのものでもあるのが、個人的所有の特徴である。

ゲルマン的共同体における所有は、もともと独立した個人なので、ローマ的共同体の場合よりも「私有」に近い。「個人のものだが、同時にみんなのものである」というかたちでの共同体からの制約は少ない。ゲルマン的共同体において、「個人的」な特徴は、共同行為のなかに表れる。先に述べたように、ゲルマン的共同体は意思による連合なので、個人の自由と対等性を重んじ、共同の決定には「民会」での合意が必要である。みんなのことだが、同時にそれぞれ個人のことであると考えられている。つまり、「みんなのことだから」といって個人に強制してはならないのである。こうした特徴は、共同で農業をおこなう場合に、すべてを共有地にしてしまうのではなく、共同で利用するけれども、各個人に持分権があるというかたちをとることに表れる。あくまで個々人が所有しているというかたちをとるのである。それがゲルマン的共同体における「個人的所有」の特徴である。

個人的所有の可能性

さて、ローマ的共同体、ゲルマン的共同体のなかに見出される個人的所有の特徴から、資本主義の先にある個人的所有の姿は、具体的にどのように描けるだろうか？　マルクスの考えを推測すれば、つぎの二つの可能性が考えられる。

第一は、労働者が会社を共同占有し、自主的に経営しながら、会社の持分権を労働者自身が持っているという形態、つまり生産者協同組合である。協同組合の経営に対して、公共の利益の観点から公的な制約が課されるだろう（会社のものだが、同時に社会のもの）。また、労働者は、協同組合の持分権の所有者として、そしてそこで働く者の一員として、その会社の経営に発言権を持つことになるだろう（会社＝みんなのことだが、同時にそれぞれ個人＝労働者のこと）。

第二は、労働者の占有と持分権としての所有が別々になる形態である。それはつまり、労働者が経営の主導権を握った株式会社である。この場合、持分権の所有者である株主は、私有財産権者としての万能の権限を持っているわけではない。株主は、労働者側に経営権と収益分配権を認めつつ、財産権の棄損にかかわる重要な決定だけに関与する権限が与えられるだろう。一九世紀は近代的株式会社の制度が整ってきた時代である。マルクスがそれを所有と占有（＝実質的経営）の分離とみなし、新しい所有のあり方として注目していたということは、じゅうぶんに考えられることである。もちろん、この第二の形態でも、第一の形態と同じく、会社の行動に公的な制約があるだろうし、労働者たちが経営に発言権を持っている、現場の民主主義があるだろう。

マルクスが individual な所有として示した未来は、ソヴィエト型の社会主義——国有化と計画経済——とはかなり違うものである。そして、その所有に関する問い直しは、現代の株式会社における株主の権限の問題——会社は誰のものか、株主は主権者か——につながっている（このテーマは第七章につづく）。

ザスーリチへの手紙に見る「individual な所有」

マルクスは『資本論』第一巻の出版前、一八六四年に設立された国際労働者協会（第一インターナショナル）に、エンゲルスとともに主導的な立場の一人として関与した。理論分析だけでなく、現実を変える実践的な活動にも力を注いだのである。しかし、一八七一年に民衆蜂起によって樹立されたパリ・コミューンが政府軍に叩き潰されてから、それに支持を与えていた国際労働者協会は、既存権力から目の敵にされた。内部での方針をめぐる対立もあり、翌七二年のハーグ大会を最後に協会としてのまとまりは失われた。

その後、マルクスはあまり表舞台には出なかったけれども、活動家たちとのやり取りはつづいていた。晩年の一八八一年、ロシアの革命活動家ザスーリチに宛てた手紙は、マルクスの考えを知るうえで参考になる。

ザスーリチは、後進国ロシアにおける農村共同体は没落する運命なのか、それとも社会主義のための土台になるのか、とマルクスに尋ねた。マルクスは、従来は、前近代から市民革命を経て近代社会になり、その後、資本主義による生産力の増強を経て、社会主義に至るという単線的な発展の順序を想定していたので、そうだとすればロシアに必要なのは、まずは共同体を壊して近代市民社会を開くことということになる。だが、ほんとうにそうなのか、とザスーリチは尋ねたのである。

マルクスはそれに対して、単線的な発展順序をすべての国に適用することはできないとした。そして、ロシアの農耕共同体を、土地を共同所有しつつも、定期的に成員に分配し、個人的に活用しているとして、高く評価した。このような個人と集団の調和は、マルクスの理想とするところであり、ロシアにおける社会的再生の拠点となる、と位置づけたのである。それはすなわち「個人のものだが、同時にみんなのもの」という個人的所有の具体的なかたちとして評価したということである。

マルクスは晩年まで、前近代の共同体に関する歴史的研究をつづけた。それは、彼が「個人的所有」のあり方に深い関心を持っていたことを表している。

マルクスは『資本論』第二巻、第三巻を自身の手で完成させることはできず、一八八三年に亡くなる。第二、三巻はエンゲルスが遺稿を整理して、一八八五年、九四年にそれぞれ出版された。マルクスが現実の歴史に与えたインパクトは、哲学者、経済学者、歴史学者マルクスからというより、革命家マルクスからのものであっただろう。しかし、もはや革命思想としてのマルクスは、現実に必要とされてはいない。必要とされているのは、所有というものを根源から問い直したその姿勢であろう。

「私有財産権」から、富を活用者に託す社会へ

さて、先に私は、「個人的所有」の現代における具体的なかたちについて、二つの可能性が想像できると述べた。第一は生産者協同組合、第二は労働者が主導権を握った株式会社である。後者について、より深くその内容を考えてみよう。もちろん、マルクス自身が述べていることではなく、そこからの想像である。

労働者が経営の主導権を握った株式会社では、つぎの二つの意味で「私有」が否定される。一つは、株主は会社の持分権を所有しているけれども、それは株主の私有財産ではないので、会社の経営に対する万能の支配権を意味しないということ。もう一つは、会社の経営の主導権は労働者が握り、したがって労働者が関与・参加するかたちで経営がおこなわれるのだけれども、動かしている財産も利益も労働者の私有財産ではないということである。資本というかたちで会社に富を集中させているけれども、それは社会のためになる方向に投下されるための富であり、誰かの私物ではないのだ。

例えば、ある映画会社が利益が上がる映画三本と、その利益をつぎ込んで作る映画一本で、トータルでは最低限の利益は残るような経営を計画しているとする。利益にならない映画は、それでも芸術的価値が高く、映画会社の労働者たちはそれを作ることに意味があ

ると信じているとしよう。

株主が会社の主権者であれば、労働者たちが儲からない映画を作ることを止めるように命令できる（従わない経営者をクビにできる）。儲からない映画を作ることによる労働者のモチベーション向上によるプラス効果よりも、その出費のマイナスの方が大きいと見れば、株主は利益を考えて儲からない映画の製作を止めるだろう。

だが、株主が私的所有権者としての万能の支配権を持っていない場合、労働者のやりたい経営ができるだろう。三本の映画の利益をつぎ込んで、儲からないけれど価値がある映画を作ることもできる。それでも、会社の利益（ここでは収益のある三本の映画からの利益）は、労働者の私物ではない。この富は、社会から託されたものである。映画会社の労働者こそ、もっとも社会のためになる方向に富を使う能力があるだろうと信じて、社会が託したのである。よって、労働者たちは、その富が社会のためになる用途に使われていることを示す責任を負っている。

個人的所有（と労働者の占有）の会社とは、資本が誰の私物でもなく、労働者（活用する知識を持った者）に託された会社である。もちろん労働者は、託されているからにはその社会的責任――どのような活動で利益を上げ、どのように支出しているかを開示する――を果たさなければならない。これは、マーシャルの「経済騎士道」が、事業を託された経営者に対して情報公開をさせたのと同じである。

さて、この新しい所有形態は、つぎのような意味を持つ。「私有」という、社会のことを考えず、自分の利益だけを考えていればよい所有形態を乗り越えるためには、富を誰かに託し、その責任を果たさせるという体制が考えられるということである。

この体制はすなわち、資本がその私的所有者の手により利潤獲得機械と化してしまうならば、私的所有者の絶対的な支配権から解放しようということだ。「私有」は社会から切り離されたものであるから、「悪いお金儲け」を誘発する。だから、資本の所有形態そのものを変えようということである。それは、スミスの資本主義の道徳的条件——お金儲けはフェア・プレイの競争のなかでおこなわれるべきであり、社会と切り離された利潤獲得機械になってはならない——を満たすための方策と位置づけることができる。したがって、それは、事業経営者に倫理性を求めたミル、マーシャルとも、全体の利益と調和しない所有者の利己心を否定したケインズとも整合的である。

所有者が経済の主役から退き、代わりに富を託された者が主役となって責任を果たす。このとき「責任 responsibility」とは、損失負担でも、損害賠償でも、地位の放棄でもない。社会の呼びかけに対して応答（response）できることである。「あなた方の知識と能力を活かして社会的に意義のある活動を展開して下さい」という社会の呼びかけに対して、「よいお金儲け」の中身を示すことで応える。そう応えられることを誇りとして仕事をする。あるいは、不祥事のような「悪いお金儲け」をしてしまったならば、その中身を社会に対して示し、組織としてふたたびそのようなことが起きないようにする。富を託された者がこうした責任感——誇りと自覚——を持ち、その意識が経済活動の一つ一つの現場に生きていく。この方向性こそが、スミスの条件を基準に考えてきた経済学の歴史が示す一つの答えであるように、私には思える。

【マルクスの著作】

Marx, K. (1857-8), "Formen, die der kapitalistischen Produktion vorhergehn". (横張誠他訳「資本制生産に先行する諸形態」(マルクス・コレクションⅢ)、筑摩書房、二〇〇五年)

——(1867), *Das Kapital: Kritik der politischen Ökonomie*, Buch I. (今村仁司他訳『資本論』第一巻(上・下)(マルクス・コレクションⅣ・Ⅴ)、筑摩書房、二〇〇五年)

【マルクスをもう少し深く知りたい方のために】

〔1〕池上彰（二〇〇九）『高校生からわかる「資本論」』ホーム社。

〔2〕平田清明（一九六九）『市民社会と社会主義』岩波書店。

〔3〕佐々木隆治（二〇一六）『カール・マルクス――「資本主義」と闘った社会思想家』ちくま新書。

〔1〕は『資本論』のわかりやすい入門書。マルクスについて何も知らない人のために挙げておく。〔2〕は、本書で登場した「individualな所有」に着目し、マルクスの新しい読み方を拓いた論考を含む。初学者には少し難しいかもしれないが、本書のマルクス理解に関心があるならば、ぜひ挑戦してほしい。〔3〕は、マルクスの思想形成から『資本論』第一巻以後の共同体論への関心まで、社会思想家マルクスを丁寧に解説している好著。

第五章　ハイエク――「私有財産権」の絶対性

経済思想史の傍流としてのハイエク

ここまで、第一章から第四章（スミス、ミル、マーシャル、ケインズ、マルクス）で、経済学の歴史の大きな方向性を示してきた。それは、スミスのなかに見られる資本主義の道徳的条件が満たされなくなった現実——全体の富裕化に繋がらない「悪いお金儲け」が強くなる現実——に対応し、スミスの条件を回復しようとする経済学が出てくるという流れであった。そして、それは同時に、富を生み出すための意思決定をする中心を、社会と切り離された利潤獲得機械になりがちな富の所有者から、富を実際に社会のためになるように活用する者たちに移していくという傾向を持っていた。

ミル、マーシャルは道徳性のある事業経営者に会社を託そうとした。ケインズは「所有と経営の分離」を明確に意識したうえで、所有者（株主）のお金儲けよりも実業（企業家と労働者）のお金儲けを優先した。また、ケインズは、貯蓄者（持っているだけの者）のお金儲けが全体の利益に繋がっていないこと、貯蓄が過剰であれば有効需要が不足し、富を活用しようとする人びとの障害となることを明らかにし、ケインズ政策（富を活用する人びとの活動が妨げられないための制度・政策）の必要性を主張した。

マルクスは、ミル、マーシャルやケインズと同じ方向性のなかにいて、私有財産としての資本が社会性を失う傾向を指摘し、資本を私有するという法的原理を見直して、個人的所有と労働者の占有という形態を提起した。それは、私有財産権絶対の考え方（株主主権）を乗り越えて、経営者と労働者の側に富を託し、その富の生成と投資の内容に関して情報を開示し、社会の評価を仰ぐという責任を負わせるものである。

これらはすべて、経済活動の主軸を所有者から富の活用者に移していくことで、スミスの条件を満たす「よいお金儲け」の世界を作り出そうとするものであった。

これが、私が描き出そうとする経済思想史の本流である。私有財産権を持った所有者が経済の主役から降りていくという大きな方向性を持っている。だが、「私有」を乗り越えるとか、企業を株主から離れた自立的存在とみなして社会的責任を重視するとか、そのような観点をきわめて強く否定している経済学者がいる。自由主義の伝道者、ハイエク（一八九九～一九九二年）である。

Friedrich August von Hayek
(1899-1992)

ハイエクは経済思想史の本流ではな

い、と私は位置づける。だが、一九八〇年代以降の新自由主義の潮流を考えれば、ハイエクこそ本流であると考える読者も多いだろう。たしかに、ハイエクは、現在のわれわれの「常識」を支配している。「市場」こそが最重要な秩序であり、それを見失ったからこそ社会主義計画経済も大きな政府の福祉国家も失敗したのだ、という考え方は根強い。さらに言えば、ハイエクは、私が経済思想史の出発点に据えているアダム・スミスの思想を、重要な意味で継承しようとしている。それを本流ではないと位置づけるとは、どういうことか？ 疑問に思われることだろう。

私は、ハイエクの思想を丁寧に辿ることによって、この疑問に答えたい。そして、彼の思想の核を探り出し、つぎのように結論づける。ハイエクは自由競争の精神を守ろうとする面ではスミスの素晴らしい後継者と言えるのだが、そのために私有財産権の保障という時代遅れの方法をとった面において、時代状況に合わせてスミスの条件を回復するという本流には位置づけられない、と。

フリードリッヒ・A・ハイエクの生涯

フリードリッヒ・A・ハイエクは、一八九九年にオーストリアのウィーンに生まれた。父は医師であり、植物地理学の学者でもあった。一九一八年にウィーン大学に入学し、法学・経済学を研究し、自由主義経済学者ミーゼスの社会主義に対する批判に大きな影響を受けた。

一九二七年、ミーゼスの設立した景気循環研究所の所長となり、二九年に『貨幣理論と景気循環』を出版し、同年ウィーン大学の私講師になった。ハイエクの景気循環理論は一九三〇年に出版されたケインズの『貨幣論』と対照的で、経済学界の一つの大きな争点となった。一九三一年にLSE（ロンドン・スクール・オブ・エコノミクス）――ケインズのいるケンブリッジ大学とライバル関係にあった――に招かれ、移籍した。

第二次世界大戦前のハイエクの業績として重要なのは、過剰な貨幣供給が好不況の原因であるとする景気循環理論と、計画経済の不可能性をめぐって自由主義者と社会主義者のあいだで争われた社会主義経済計算論争である（この論争については後述）。

自由主義者ハイエクは、社会主義計画経済に反対するばかりでなく、市場に政府が介入する必要があるという考え方にも反対した。市場は自律的な調整機能を持っておらず、適切な政府介入が必要であるという考え方は、ケインズの影響力もあり、一九四〇年代には次第に広がっていた。そこでハイエクは、その流れに抗し、政府介入をはじめれば自由を損なうことになると主張する『隷従への道』（一九四四年）を著した。この本に対するケインズの応答は重要なので、後にとりあげよう。

『隷従への道』以後、ハイエクは、経済理論家というよりも、自由主義思想家としての仕事が多くなった。ソヴィエト社会主義が力を持ち、資本主義国でもケインズ主義福祉国家への道が選択されるなかで、政府介入に極端に懐疑的な古典的ともいえる自由主義の主張は少数派であった。けれども、少数派は少数派で世の流れに抵抗しようとしていた。一九四七年に自由主義を守ろうとする知識人の団体であるモンペルラン協会を設立し、ハイエクは初代の会長を務めた。

一九五〇年にシカゴ大学に移り、社会・道徳哲学講座を担当し、六〇年に自由主義思想の大著『自由の条件』を著した。だが、時代はケインズ主義の全盛期であり、ハイエクはやはり少数派であった。ヨーロッパに戻って（一九六二年にフライブルク大学、七〇年にザルツブルク大学）、大著『法と立法と自由』を三分冊（一九七三、一九七六、一九七九年）で出版した。彼の自由主義思想の特徴は明確で、「人間が頭で考えたことよりも、自然に形成された自生的秩序を信頼すべき」ということである。

一九七四年にミュルダールと共同でノーベル経済学賞を受賞した。授賞理由は「貨幣と経済変動の理論に関する先駆的業績と、経済的現象、社会的現象、制度的現象の相互依存性に関する鋭い分析に対して」であった。左派であるミュルダールと共同受賞となったのは、選考委員会が政治的なバランスを取ったのかもしれない。

一九七〇年代からケインズ主義福祉国家は行き詰まりを見せていたので、ノーベル賞受賞の頃から自由主義はもはや少数派ではなくなっていた。そして、一九八〇年代にはサッチャー政権（英）、レーガン政権（米）によって、現実の政策がケインズ主義から自由主義に転換されていった。

最晩年、ソ連と東欧の社会主義国家が崩壊したのを見届けたのち、一九九二年に亡くなった。

社会主義経済計算論争から見る市場の意味

一九一七年のロシア革命により社会主義国家ソヴィエトが誕生し、どのような経済体制をとるのかが注目された。とくに、市場経済に代わり計画経済にすることは可能なのかが大きな争点であった。自由主義者ミーゼスは、市場なくして合理的な資源配分はできないとして、計画経済を否定した。それに対して、社会主義を擁護する経済学者は、ワルラスの一般均衡理論を用いることで、机上で合理的な価格を導くことができると反論した。こうしてはじまったのが、社会主義経済計算論争である。ハイエクも、ミーゼス陣営（市場経済支持・計画経済否定）でこの論争に参戦した。この論戦におけるハイエクの主張を辿れば、彼の経済観をよく理解できる。

一般均衡の解を机上で求めればよいという社会主義＝計画経済を擁護する側の主張に対して、ハイエクは、それをおこなうためには需要と供給に関する情報を集めなければならず、不可能であると反論した。市場というシステムは、何が必要か、何が安価に供給可能かを価格というパラメータで伝達している。例えば、生産者ができるだけコストを下げようと考えて高い価格の原材料を避け、低い価格の原材料を使うようにしたとしよう。すると、そのことで稀少な生産資源を節約し、代わりに余裕のある生産資源を使うことになる。生産者は個々の原材料のどれが稀少であるかを知る必要はない。それは価格という情報のなかに含まれているのである。よって、市場の需給によって価格が決まるという仕組みは、需要・供給に関する具体的情報を一ヵ所に集めることなく、効率的に資源を配分するのである。

市場経済が価格を使うことによって自動的に効率化できるのに対して、計画経済は情報を一ヵ所に集めなければ効率的な資源利用ができない。そして分散した情報を一ヵ所に集めるのは、情報量からして不可能である。これが、ハイエクによる計画経済への批判である。

しかし、この価格の情報節約機能だけならば、計画経済を擁護する側にも反論が可能である。社会主義を擁護するポーランドの経済学者ランゲは、暫定的価格をつけて需要と供給が表明されたら、そのズレにもとづいて価格を改定するというプロセスで、一般均衡の解に到達すればよいという考え方を示した。たしかに、これならば、情報を一ヵ所に集める必要はなく、価格の情報伝達機能を社会主義経済のなかに作ることができる。

けれども、ハイエクは、このランゲの考え方にも反論した。ランゲの考える市場は、○○という財の市場、○○という生産資源の市場、というかたちで、財や生産資源のリストが決まっている。例えば、リンゴという財がひとまとめにされて需要・供給が表明されることになっている。だが、リンゴと言っても、「ふじ」もあれば、「紅玉」もある。それをまとめて「リンゴ」としていいのだろうか？

ここでハイエクの言いたいことは、「ふじ」や「紅玉」の市場が設定されていないことではない（それだけなら種類別の市場を作ればいい）。彼の主張の力点は、現実の市場経済では「ふじ」や「紅玉」の市場が自然に作られるというところにある。

市場が自然に作られるということは、やってみなければわからないバラバラの情報を、試しに繋いでみたことによる。「ジョナゴールド（リンゴの品種の一つ）」を作る技術はあるが、買ってくれる人がいるかどうかはわからない。それでも、買ってくれると見込んで生産してみる。その挑戦がうまくいけば、生産技術の情報と人びとの欲求の情報が繋がり、一つの市場として成立するようになる。模索と挑戦によって局所的に存在する知識をうまく活用していくこと、この知識発見のプロセスこそ、市場経済の重要な機能なのである。これは、ランゲの仕組みにはないのだ。

経済が適切に機能するためには、多くの人びとのあいだに分散している知識を利用する必要がある。……人間の知識は不完全であり、したがって、知識が伝達され獲得されるプロセスが絶えず必要である。連立方程式を扱う数理経済学者の多くに見られるようなやり方［ランゲの仕組み］は、本来の主要課題を置き去りにしてしまう。彼らは、人々の知識［局所的で本人しか知らないし、尋ねられないと発見されないような知識］が、表面に現れてくる事実情報［価格のような情報］と対応していると考えてしまっているのだ。
……私は、経済学における需給の均衡分析が持つ意義を否定するわけではない。だが、均衡分析によって、［ランゲの仕組みを使って］実際の諸問題を解決できると考えるとすれば、大きな誤りだろう。均衡分析は、市場メカニズムが持つ社会的プロセスを少しも扱っていないものだからである。（ハイエク「社会における知識の利用」〈一九四五年〉、『個人主義と経済秩序』、訳一二六～一二七ページ＊）

市場における模索と挑戦は、成功するかもしれないし、失敗するかもしれない。うまくいった企業は生き残り、うまくいかない企業は淘汰される。淘汰は倒産として、痛みをともなうかもしれない。けれども、そうやって最大限に自由な知識の活用を認める制度――自由市場経済――は、最終的に、分散した知識を活用でき、最高のパフォーマンスを発揮する。だから、自由市場経済が大事なのだ。

自生的秩序への信頼

ハイエクは、「市場」という秩序は自生的（= spontaneous 自然発生的）に形成された、と考えている。誰かが「こういうルールを作れば、市場経済はうまくいく」と考えて、市場というシステムができたのではない。人びとが経済活動をしていくうちに、自然とルールが作られたのである。

この市場経済を支えるルールは、一般的なもの（誰にでも同じように適用され、現在も将来も同じように適用されるルール）になる傾向があった。特定の立場の人びとに特別な負担を課すようなルールならば、自由な知識の活用を妨げられる。また、特定の立場の人を優遇するならば、優遇されなかった側の自由な知識の活用が妨げられる。一般的なルールを持った国は知識を活用して繁栄し、そうでない国は繁栄しない。だから、自然と、ルールは一般的なものになっていく。

具体的に、自然に形成される市場経済のルールとは、どのようなものだろうか？　ハイエクは、市場経済の形成期を観察したデイヴィッド・ヒューム（一七一一〜七六年）を参照する。ヒュームは、ヨーロッパ諸国では、「所有権の安定／同意による財産の移転／約束の履行」というルールが徐々に自然にできてきた、と述べている。表面的には身分制があり、すべての市民が法的に対等とは言えない状態であったとしても――それがヒュームの時代のヨーロッパ諸国の現状であった――、市場経済の発達にともなって特権の濫用を抑えるようなルールが自然に形成されてきた。明文化されていなくても、一般的なルール（誰であろうと所有権を侵害しない、させない／誰にでも契約を守らせる）を持っている国の方が、経済的に繁栄していたので、自然と一般的なルールが浸透していったのである。

ハイエクは、こうして自然に形成される秩序（＝自生的秩序）を信頼すべきだ、と考えた。自由競争市場がうまく機能するためには一般的ルールが不可欠であり、逆に言えば、一般性を損なうような政府の介入や新しいルールの設定は、よくないということである。これは、一見すると、介入したり、新ルールを設けたりした方がよくなりそうな場合でも、そうすべきではないということだ。

われわれは、何かをよくしたい、あるいは悪い点を改善したいと思うことがある。そのとき、対象をじゅうぶんに観察して、どういう仕組み――原因と結果の関係――になっているかを理解し、原因に働きかけてよい結果を得ようとする。これは、理性を持った人間が普通に取る行動である。だが、ハイエクは、こうしたやり方そのものに限界があることを知るべきだ、と言う。とくに、社会という複雑なシステムをいくら観察し、研究したところで、そこに働いている因果関係をまるごと認識・理解することなどできない。できもしないことを、さもできるかのように思い込むのが人間の傲慢なところなのだ。人は適当な観察や思い込みで「社会はこういう仕組みになっている」と、理解した気になる。わかったような気になって介入する。だが、それは、大概、思ったようなよい結果を生まない。なぜなら、ほんとうは全体の仕組み＝因果関係を理解できてなどいないからである。

世の中には、人知を超えたものがある。誰も全体の仕組みなど理解していないが、うまく機能している秩序がある。「市場」という自生的秩序もそうした人知を超えたものの一つである。そうした対象を相手に、理解して、介入して、よりよいものにしようという発想はおこがましい。われわれは自生的秩序を信頼し、その秩序を支えるルールを大事にすべきなのである。

自生的秩序を支える一般的ルールは、先に述べたように、自然に形成されたものである。決して、誰かが「こういうルールを作ればうまく機能するだろう」と頭で考えて作ったものではない。ルールの多くは法律というかたちで明文化されているけれども、それは自然に形成されたルールを、守りやすいように文章化しただけである。よいルールは理性では作れないのだ。

理性によって社会を認識し、原因に働きかけたり、よいルールを設定したりして、よい社会を作れるという考え方を、ハイエクは「設計主義」と呼ぶ。社会主義国が採用した計画経済は、市場を使わずに何もかも自分たちの頭で考えてやっていこうというのだから、究極の設計主義である。表面的には自由市場経済を採りつつも、政府介入によってよい状態を作り出そうとする「ケインズ主義」も、同じく設計主義である。

「社会正義」の追求は、私有財産権を危うくする

市場経済のルール(財産権の保障/契約の遵守)は高度に一般的なので、広い大きな社会に適用可能である。狭い共同体を超え、地域を超え、国家という枠組みも超えることができる。市場経済のルールは、「開かれた社会」を作る。ハイエクによれば、市場経済のルールで社会を拡げていくことは、幅広い知識の活用を促し、結果的に経済的な繁栄につながる。それは長い人類の歴史が証明している、とハイエクは言う。

だが、人間は、この市場経済のルール以外にも、ルールを作りたがる。不平等を是正し

たい、フェアな結果になるようにしたい、困っている人を助けたい……という思いがあるからである。これは「社会正義」を追求したいという人間の本性の一つである。社会が狭かったとき――ハイエクは「部族社会」という――には、「社会正義」を求めるのは当たり前であった。けれども、それは、その社会のメンバー全員が、その社会のなかで通じる一つの目的を共有することを意味する。つまりそれは個人に対する特定の目的の強制であり、「各人が自分の目的を追求できる」という自由社会の大原則に反する。

例えば、累進課税によって所得再分配をおこない、平等化を達成しようとすれば、多くを稼ぐ人が自分の知識を活用する自由を損なう。社会保障の充実も、平等にやろうと思えば、多く稼ぐ人に負担を強いることになるので、同じく自由を損なう。

さらに問題なのは、所得や福祉の平等を追求しようとすれば、それにかかる支出は際限がないということである。どの程度まで平等にすれば社会正義が満たされたと言えるのか、客観的な基準はなく、よって「社会正義」という目的のために、多くを稼ぐ人の収入はつねに取られる危険にさらされる。これは、所有権の保障や契約の遵守といった基本ルールが満たされない世界である。それはつまり、将来に向けた自由な知識の活用を妨げることになる。

また、労働者の地位の保障という「社会正義」の観点から労働組合の独占的な権利を認めると、企業を運営する者は、利益を上げたら労働者に賃金として持っていかれることになる。これも将来の収益を脅かす危険要因であり、所有権が安定していないのと同じである。

このように「社会正義」の追求は、市場経済を支える一般的ルールと抵触する。開かれた自由社会を拡げることこそ、経済的繁栄の道であり、人類の進むべき道なのに、部族社会的な情緒を持った人びとがそれを逆行させてしまう、とハイエクは言うのである。

自由を守るための「法の支配」

ハイエクが強調する「自由」とは、他者から強制されず、自己の目的を追求できることである。経済の文脈では、市場において自分の知識を活用して競争に参加し、利益を獲得する自由である。この個人的自由を恣意的な支配から守るためには、一般的なルール（誰にでも同じように適用され、現在も未来も同じように適用されるルール）が確立されている必要がある。

市場経済における個人的自由を支えるための「一般的ルール」は、自生的（自然発生的）に「法の原則」として形成されてくる。この原理原則は、成文法よりも上位のものである。ハイエクによれば、この「法の原則」がつねに意識され、成文法はそれに従わなければならないという上下関係を維持することこそが、恣意的な支配を許さない――個人的自由を守る――ための最重要事項であった。そして、ハイエクは、この「法の原則」が最上位に位置していることを「法の支配」と呼んだ。

「法の原則」を、成文法よりも上位に置くということは、たとえ民主主義的な手続きに従って選ばれた議員から成る立法府であっても、何でも法律を作れるわけではない――「法の原則」に反するような法律は作ってはならない――ということを意味する。ハイエクは、立法よりも司法を上位においているのである。裁判所は「法の原則」に従って、法的判断を下している。裁判所の判例が積み重なり、法とは何かが規定されていくのである（判例を積み重ねていく英国のコモン・ローがハイエクの念頭にある）。

立法は、自ら秩序を形成するような働きかけ――特定の予測可能な結果をめざした法律作り――をしてはならない。法律として許されるのは「一般的ルール」だけであり、特定の立場の人を狙い撃ちにした法を作って、秩序を人為的に形成しようとしてはならないのである。

ハイエクは「保守主義」ではない

長い年月をかけて形成されてきた伝統や慣習を尊重するハイエクの態度――そして頭で

考えて世の中を改革しようとするなという態度——は、一見すると「保守主義conservatism」のように見える。しかし、ハイエクは、「自分は保守主義者ではない」と明言している。なぜなら、保守主義とは、たんに何かを変えることを恐れているに過ぎないからである。そこには何の原則もない、とハイエクは否定的だ。

現実に適応して何かを変えなければならない状況に直面したとき、保守主義者は、過去のやり方に固執し、変えることを恐れる。だがハイエクは、自分は違うという。自生的に形成された「法の原則」を持っていれば、それに沿うかたちで、変化する現実に柔軟に適応することができる、というのだ。

より具体的に言えば、つぎのようなことだ。各人の私有財産権の保障、契約の履行、誰でも参入できる自由競争という市場経済の核にあるルールを守ることが何より大事という原則がある。だから、現実がいろいろと変化しても、その原則に沿うかたちでさまざまなルールを修正していくことができるのである。このようなハイエクの考えは、たしかに変化を嫌う保守主義ではない。

となれば、ハイエクを評価する際に重要な点は、これだけは譲れないという核——私有財産権、契約の履行、自由競争——を認めるかどうかであろう。ハイエクに対するケインズの評価から、その核の妥当性に迫ろう。

ケインズはハイエクの『隷従への道』を、どう評価したのか？

自由放任を否定したケインズと、完全な自由競争経済を擁護するハイエクは、理論においても、政策においても、水と油のように思える。しかし、興味深いことに、ケインズは、『隷従への道』（一九四四年）を読んでハイエクに手紙を書き、一面において好意的な評価を与えている。

航海中にあなたの著書〔『隷従への道』〕を読む機会がありました。私見によれば、これは堂々たる作品（grand book）です。大いに述べるべき事柄を、あなたが見事に述べてくれたことに、われわれはみな、深く感謝を申し上げます。貴著のなかのすべての経済的言明を私が受け入れるとは、あなたもお考えにならないでしょう。しかし、道徳的及び哲学的な面では、ほぼ完全に同意します。単なる同意ではなく、深く感銘を受けた同意です。

……あなたは、〔経済の計画化＝政府による政策や制度設計に極端に懐疑的で〕、人が計画化の方向に一インチでも動くと、やがて断崖絶壁にいたる滑りやすい坂道に乗っかってしまう〔＝全体主義や社会主義計画経済のような自由なき社会へと転じてしまう〕という主張をし

ています。……［しかし、これは計画化の適切な程度を決めるという実際的な問題に対する慎重な結論ではありません。］

それゆえ、あなたのテーマに関して、私は、あなたと異なった結論を出します。われわれが欲しているのは無計画でもないし、いわんや低水準の計画でもない、われわれはほとんど確実に高水準の計画を欲しているのです。しかし、その計画は、できるだけ多くの人びと――指導者と追随者の双方――が、完全にあなたの道徳的立場を共有している社会でなされるべきです。もし、それを実行しようとする人びとが、道徳的問題に対しての正しい精神と心構えを持っていれば、穏健な計画化は安全でしょう。

……われわれが必要としているのは、適切な道徳的考え方の回復、われわれの社会哲学における適正な道徳的価値観への回帰です。もしあなたの主張をそうした方向へ向けることができるならば、あなたはそれほど周囲からドン・キホーテ［理想に突き進む愚者］には見えないでしょうし、あなた自身もそう感じないでしょう。あなたは、おそらく道徳的な問題と物質的な問題を少し混同していると思います。あなたが危険と考えている行為は、正しく考え、正しく感じることのできる社会では、安全におこなうことができるのです。しかし、もしそれが、誤って考え、誤って感じる人びとによって実行されるならば、それは地獄へ通じる道となるでしょう。（ケインズからハイエクへの手紙、一九四四年六月二八日、『ケインズ全集』第二七巻、訳四四一〜四四四ページ＊）

この手紙に見られるケインズの意図は、つぎのようなものだろう。自由市場経済を健全に機能させるためには正しい道徳的価値観が不可欠であるというハイエクの主張は、まったくその通りである。それはすなわち、市場における「よいお金儲け」を肯定するアダム・スミスの精神である。フェア・プレイの競争の場でお客さんを喜ばせることを通じてお金儲けをすることであり、また、資産を有効な事業に向ける競い合いのなかでお金儲けをすることである。人びとはそうした意味での正しい自由競争のなかで「よいお金儲け」を追求する精神を持っていなければならない。お金儲けのために政府に頼って楽をしようとしてはいけないし、政府の方も、市場の競争秩序を無視して、何もかも設計しようとしてはいけない。どこにどんなアイディアがあるかわからないのだから、誰にでも自由な機会が与えられた場としての市場を重視しなければならない。そこまでは、ケインズはハイエクに完全に同意する。

しかし、私有財産権を重視する古典的な自由主義（ハイエクの立場）をとれば、正しい道徳的価値観（フェアな自由競争の精神）が保たれると思うのは間違いだ。もはや私有財産権者は経済の主役ではない。むしろ私有財産権者の利己心は、フェア・プレイの精神や社会全体の富裕化に反したかたちで表れてしまっている。だから、開かれた自由な機会を保障するためには、私有財産権者の自由（富を持つ者が金融所得を利殖する自由）ではなく、富を活用する者の自由が必要だ。そして、それを実現するためには、市場のあり方を見直す大胆な「計画」が必要なのだ。もちろん、この計画は、計画者の側にも、企業の側にも、「よいお金儲けを促進するため」ということが理解されていなければならない。財産を持っていようが持っていなかろうが、特別な才能があろうがそうでなかろうが、それぞれの人の努力が真っ当に評価され、経済活動の背後に相互共感があるような経済にしていくこと、つまり多くの人びとが活躍できるようなあるべき市場秩序を作るための計画なのだと人びとが理解していることが、これからの「計画」がうまくいくためのカギである。

もしも、このような正しい道徳的価値観を持たない人びとが計画をおこなうならば、計画者は条件作りではなく、市場を差し置いて秩序を設計しようとするだろう。また、企業は、政府の計画から利益を引き出すために、政治家や官僚とのコネクション作りに熱心になるだろう。それこそ、市場経済の根幹を揺るがす、もっとも恐れるべきことである。それは、よくわかっている。だから、ハイエクに「深く感銘を受けた同意」をする。これが、ケインズの心の内であろう。

ハイエクにおける私有財産権の絶対性

ハイエクは、個々人が自分の財産を賭けて自分の知識を活用しようとすることこそが、もっとも質の高い経済活動を生み出すと考えていた。だから、個人の財産・稼ぎを保障すること（私有財産権の保障）と、対等な機会としての自由競争の維持が最重要課題となる。現実が目まぐるしく変化しようとも、この原則さえ守っていけばいいし、この原則にしたがうかぎりで法制度を改変していけば、変化に適応できる、とハイエクは考える。この考え方は、彼の「株式会社」に対する見方によく表れている。

会社法における有限責任が、独占の発達を大きく助長したことはまちがいない。また、会社自体というより会社の関係者によって、技術的条件によって正当化される以上の企業の大規模化が有利になっているのは、特権を授与する特別な立法［有限責任］であることは、疑いの余地がない。……会社を擬人、あるいは法人と認めることは、自然人の持つすべての権利が自動的に会社にも拡張されるという効果を持った。［だが、そのように法人を扱うべきではなかった。］個々の企業が無限に成長することを抑止するように会社法を設計すべきだという主張は正当であろう。（ハイエク「「自由」

企業と競争的秩序」〈一九四七年〉、『個人主義と経済秩序』、訳一六〇〜一六一ページ＊）

ハイエクは、大株式会社を、個人ベースの競争経済という市場像――ハイエクのイメージする市場秩序――からの逸脱と理解するのである。個人には経済的自由を認めるが、大株式会社に同じようには認めない。個人から離れる「組織」という存在を否定して、あくまで私有財産を賭けて挑戦する個人にこだわるのである。

株式会社が個人から離れないようにするためには、会社を個々の株主（＝所有者）の手中に置いておくことである。よって、ハイエクは、株式会社の利潤を配当するか、内部留保するかの決定は、個々の株主に任せるべきだという提案をしている（株主総会の決定に全株主が従うのではなく、二〇パーセント保有の株主は、全利潤の二〇パーセントについて、それを配当にするか、内部留保にするかを自分で決められるということ）。会社＝法人が株主個人から離れた社会的存在になることを、徹底的に嫌っていると言っていい。「経済を動かしているのは私有財産権者個人の意思である」という原則が、ハイエクにとっては絶対なのだ。

スミス以来の経済学の流れを見てきたわれわれは、ハイエクの主張を、つぎのように位置づけることができる。ハイエクが考えるような個人が自分の私有財産をかけて模索と挑戦をおこなうという経済像は、スミスの「努力の等価交換経済」である。資本を活用するとしても、自らの知識を生かして事業をおこなうような場合である。そして、そのような「個人ベースの競争経済」は理念上の存在であり、少なくとも一九世紀には妥当しなくなる。経済学は、この現実——つまり資本主義経済という現実——に向き合ってきた。

ミル、マーシャルは、資本主義のなかで資本が利潤獲得機械になるのではなく、フェアに活動し、社会の富裕化を促進する道を示そうとした。ケインズは、資本の所有者の活動が利潤獲得機械化すること、そして実質的な資本の運営者が所有者とは離れていることと、このことを踏まえたうえで、所有者が主導する経済の原則を否定し、実質的な運用者の活躍を支えるような新しい経済のあり方に向けて、変化の必要を訴えた。マルクスも、資本主義経済においては資本が私有されることによって、社会性を無視した好き勝手なお金儲けになってしまうことを問題にし、私有を超えて「individual な所有」をめざした。こうした経済学者たちの資本主義経済に対する取り組みを鑑みると、ハイエクの主張は資本主義という現実から逃避しているようにしか見えない。

それでもハイエクは私有財産権に固執する。私有を離れ、「個人のものだが、同時にみんなのもの」という観点、つまり所有権者が好き勝手にできるのではなく、社会的責任のなかで行動しなければならないという観点を取り入れることを拒否する。ハイエクによる「企業の社会的責任」の否定を、彼自身の言葉で見てみよう。

もし企業の影響力を有益な範囲に効果的に抑制したいと思うなら、企業の活動をこれまでよりも厳しく、株主によって経営者に負託された「資本を有効に活用する」という課題に専念するよう制限しなければならない。企業がその資源を、資本に対する報酬の長期的極大化以外の特定の目的のために使うことを許し、ときには強制さえする現代の傾向は、きわめて危険で、望ましくない社会的な影響を与える。また、最近流行している「社会的配慮」によって経営方針が導かれるべきだとする議論は、もっと望ましくない結果を生み出す可能性がある。（ハイエク「民主主義社会における企業——だれの利益のため？」〈一九六〇年〉『経済学論集』〈ハイエク全集第二期第六巻〉、訳一三九～一四〇ページ＊）

このハイエクの世界において、「自由と責任」とは何か？　それは、己の私有財産を賭けて自由に挑戦し、その失敗の損失を引き受けるということである。私はこれが現代に相応しいとは思えない。ミル、マーシャル、ケインズ、マルクスが資本主義と格闘した方向性を考えると、富を託すことによって人びとの活躍を拡大していく自由と、託されたことにともなう社会的責任を強調する方に、未来があるように私は思う。

【ハイエクの著作】

Hayek, F. A.（1944）, *The Road to Serfdom*, The collected works of Friedrich August Hayek, vol. 2, 2008.（西山千明訳『隷属への道』〈ハイエク全集第一期別巻・新版〉、春秋社、二〇〇八年）

——（1948）, *Individualism and Economic Order*, The collected works of Friedrich August Hayek, University of Chicago Press.（嘉治元郎・嘉治佐代訳『個人主義と経済秩序』〈ハイエク全集第一期第三巻・新版〉、春秋社、二〇〇八年）

——（1960）, *The Constitution of Liberty*, The collected works of Friedrich August Hayek, vol. 17, 2011.（気賀健三・古賀勝次郎訳『自由の条件』Ⅰ～Ⅲ、〈ハイエク全集第一期第五～七巻・新版〉、春秋社、二〇〇七年）

【ハイエクをもう少し深く知りたい方のために】

［1］ 楠茂樹・楠美佐子（二〇一三）『ハイエク——「保守」との訣別』中公選書。

〔2〕仲正昌樹（二〇一一）『いまこそハイエクに学べ――「戦略」としての思想史』春秋社。
〔3〕間宮陽介（二〇〇六）『ケインズとハイエク――〈自由〉の変容』ちくま学芸文庫。（原著は一九八九年、中公新書）

〔1〕は、ハイエクの経済学と思想についての優れた解説書。〔1〕の著者の一人である楠茂樹氏には『ハイエク主義の「企業の社会的責任」論』（勁草書房、二〇一〇年）という著作もある。「企業の社会的責任」への態度は本書と正反対であるが、魅力ある著作である。〔2〕はハイエクの思想の丁寧な解説である。ハイエクが重視する「法の支配」の意味を理解するのに最適。〔3〕は、ケインズとハイエクの思想を奥深いところでとらえ、ともに「自由」の意味を問い直した者と位置づけている。学生時代に読み、「思想」を語るとはこういうことかと衝撃を受けた名著。

第六章　フリードマン――「市場主義」の扇動者

現実の政治のヘゲモニー

前章で採りあげたハイエクは、私有財産権と経済的自由からなる原則を守ることが、自身の財産を賭けた経済的挑戦を最大限に引き出し、分散された知識の利用を促進すると主張した。だが、富が創造される現場は、現実には所有者から離れている。知識を生み出し、活用するのは、会社という場で能力やノウハウを身につけ、協力しながら何かを達成する普通の労働者たちである。マーシャルの用語で言えば、意欲や活気といった誰のものとも言えない生産要素「組織」こそが、富を生み出す現場である。

もちろん現代において個人事業主も活躍しているだろうし、所有者として大きな事業経営をする人もいるだろう。しかし、それは富の創造の一部であり、全部ではない。「組織」を、つまり経済で活躍する多くの持たざる人びとの営みを軽視するならば、人に支えられた現代の経済――人がたんなる単純労働の歯車ではない現代の経済――の本質を見失うだろう。その意味で、所有者を主役に据えたハイエクは経済思想史の本流ではない、と位置づけた。

では、経済思想史の本流は、現代の経済学の最前線ではどうなっているのだろうか？次章で、現代における組織の経済学について触れるが、やはり経済活動の主軸が所有者から離れているという現実をとらえようとしている。けれども、その学問的な営みにおける経済学の大きな流れと、現実の政治を動かす力は別である。一九八〇年代から現在に至るまで、現実の政治を動かす力におけるヘゲモニーは、ハイエクやフリードマン（Milton Friedman 一九一二〜二〇〇六年）に代表される自由主義の側にある。

そこで本章では、フリードマンの経済思想の位置づけをおこなおう。もちろん、前章のハイエクと同様に、経済思想史の本流には位置づけられない。

「市場主義」

フリードマンという経済学者に対する評価は、論者によって大きく違う。非常に高く評価する人もいれば、かなり低い評価をする人もいる。消費関数に関する実証的な研究のような学問的業績を評価するか、自由主義の方向に現実を動かした影響力を評価するかでも、評価が分かれる。私は、思想史のなかにフリードマンを位置づけたいので、現実を動かした思想の「内容」にもとづいて評価したい。

現実の政治を動かそうとするとき、思想は単純化される。その傾向は、ハイエクよりもフリードマンにおいて顕著である。

政府が介入することで世の中をよくしようという考えを倒すために、政府のやることは悪、市場のなすことは善という単純な主張が展開される。私はこのフリードマンの単純な主張を「市場主義」と呼ぶ。

「市場主義」は、はっきり言って薄っぺらい思想である。先に私はフリードマンの思想を「内容」にもとづいて評価したいと述べたが、じつのところかなり内容がない。しかし、その歯切れのよさは現実をも動かす。そして一般人の「常識」にまで入り込んでしまう。そこで、本章では、フリードマンの「市場主義」がいかに薄っぺらいものであるか、そしてそれがいかに問題の本質から目をそらすものであるかを明らかにしたい。

現実の政治は「薄っぺらい思想」で動く

「政府介入主義」を倒した「市場主義」は、薄っぺらい思想であると述べたけれども、倒された「政府介入主義」の方も、問題ありの薄っぺらい思想であった。現実の政治を動かしているのは、学問的な裏付けのある思想ではなく、単純な薄っぺらい思想なのである。

「政府介入主義」が現実の政治におけるヘゲモニーを握るのは、第二次世界大戦後であった。世界大恐慌や戦時の管理経済を経験した後であり、「市場が適切に機能するためには政府の積極的な役割が必要である」という考え方が受け入れられた。社会保障制度が整備・拡充され、雇用を保証する労働政策と総需要政策がおこなわれ、公共の利益を害する独占・競争・投機などを規制する法が数多く作られた。これらの制度・政策のあり方は「ケインズ主義福祉国家」と呼ばれ、社会主義計画経済でもなく、弱肉強食の自由放任主義でもない、新しい経済のあり方として定着した。そして、この制度・政策によって、従来よりも人びとの潜在的な能力を引き出すのに成功したことは、疑いない。第二次世界大戦後の先進資本主義各国は、高成長・低失業率・低インフレという最高のパフォーマンスを発揮し、資本主義の黄金時代とも呼ばれた。所得の格差も縮小し、分厚い中間層を作り出したことからも、新しい制度・政策が人びとの潜在能力を引き出すのに適していたことがうかがわれる。

しかし、この第二次世界大戦後の成功も、一九七〇年代で終わる。石油危機を契機として高いインフレ率と高い失業率が同時に起こるスタグフレーションに見舞われたからである。このケインズ主義福祉国家の危機をどう理解するかは、大きく分けて二つの立場がある。機会均等・公平性を重視する立場と、自由競争の効率性(政府介入の非効率性)を重視する立場である。

機会均等・公平性を重視する立場では、弱者に分配することで成長機会となるという「ケインズ主義福祉国家」の理念そのものは肯定される。問題は、成長による余剰を方々に分配するやり方が慣習化し、機会保障という理念を離れ、ただ諸々の利害集団を納得させるだけのものになってしまったことである。画一的で弱者のニーズにも合っていないが、とりあえず前より多くの分配を受けることができる、という馴れ合いの協調となってしまった。この内容に乏しいバラマキ型の分配政策が、成長率の低下によって持続不可能になり、問題が露呈した。となれば、再建すべきは、成長とバラマキに依存せず、機会保障という理念に沿った分配政策を取り戻すということになる。真っ当な考え方ではあるが、こちらの声は弱い。

一方、自由競争の効率性を重視する自由主義的な立場（もちろんフリードマンはこちら側）では、そもそも「政府介入主義」がダメなのだという論調になる。雇用保障・機会均等・生活の安定を政府の力で作り出そうとする発想そのものに批判が向けられる。こちらの方が勢いがあり、強い。

彼らの批判の矛先は、「政府介入主義」の行き過ぎに向けられる。実際、市場を適切に機能させるための政府介入のはずが、政府が出しゃばりすぎることも多かった。「市場に任せておけば不安定・不公平・非効率である」という先入観——市場は悪、政府は善——が人びとの思考を支配していたので、あれやこれやと政府（政治家・官僚）が介入するモードになっていたからである。

「政府介入主義」を批判する自由主義者の主張として、典型的な二つを採りあげよう。

第一は、政府が強大な規制権限を握ることにより、人びとは規制から利益を得るために、政府を味方につけようとすることである。政治家や官僚を味方にすることでライバルに勝てるのであれば、コネクション作りのために献金や賄賂に多額のお金が使われる。そればかりでなく、競争の勝敗がコネクション次第になれば、よい製品をより安く顧客に提供することで競争の勝敗が決まるというフェアな自由競争が歪められる。フリードマンや、その盟友のジョージ・スティグラー（一九一一〜九一年）が強調した観点である。

第二は、政府が「ケインズ政策」の名の下に財政赤字を出すことを認めることにより、財政規律が失われることである。政治家は、選挙で当選するために方々に公的支出の約束をしたがるけれども、財布が有限であれば、できる約束にも上限がある。しかし、財政赤字を出せるとなれば、財布は無限であり、いくらでも支出の約束をしてしまう。さらに、集票のためにおこなう公的支出の約束は、部分的な利害を反映したものであり、必ずしも公共の利益になるわけではないから、無駄が多い。しかも、政治家はいくらでも政府の支出規模を大きくしたがる一方で、選挙への影響を考えて増税はしたがらない。よって、無駄な政府支出が惰性でつづき、国債残高が増えていく。ブキャナンが公共選択論の観点から主張したケインズ主義批判である。

これらは、「政府介入主義」という薄っぺらい思想がもたらした行き過ぎに対する批判であり、意味があり、それ自体、真っ当なものである。だが、その批判は、「市場主義」という薄っぺらい思想によってなされる。「市場は悪、政府は善」という思想を倒すため、「市場は善、政府は悪」という逆の単純な思想が打ち出される。それが顕著なのが、フリードマンである。

現実を動かしたければ、こうした思想の単純化が必要なのかもしれない。けれども、「市場主義」は、本書でくりかえし指摘した経済学の歴史が持つ方向性を見えなくさせる――つまりその方向性をもたらす現実を見えなくさせる――という意味で、きわめて危険な思想である。そのことをフリードマンの主張、およびそれを日本の会社本位主義の問題に適用するとどうなるかを考えることで、浮き彫りにしよう。

「市場主義」の扇動者、フリードマン

ミルトン・フリードマンは、一九一二年、ニューヨークのブルックリンに生まれた。両親はともにウクライナ西部（当時はハンガリー領）からのユダヤ系移民であり、多くの移民と同様に非常に貧しかった。一九二八年、奨学金を獲得してラトガーズ大学に入学して経済学に関心を深め、三二年にシカゴ大学の大学院に進んだ。当時のシカゴ大学には、フラ

ンク・ナイト（一八八五〜一九七二年）やジェイコブ・ヴァイナー（一八九二〜一九七〇年）といった有名な経済学者がいた。コロンビア大学に一年在籍した後、シカゴ大学の研究助手となり、大学院生であったスティグラーと出会い、生涯の盟友となる。第二次世界大戦時はさまざまな政府関係の仕事をし、一九四五年にスティグラーのいるミネソタ大学で教職を得て、四六年にシカゴ大学に戻った。一九四七年には、自由主義を守ろうとする知識人の団体であるモンペルラン協会（前章で述べたように初代会長はハイエク）の創設会合に参加した。一九五八年にシカゴに戻ってきたスティグラーとともに、自由主義的な色彩の強い「シカゴ学派」の中心人物となる。一九七六年にノーベル経済学賞を受賞した――「消費分析、貨幣史および貨幣理論における成果と安定政策の複雑性を明らかにしたこと」が授賞理由――。一九七七年にシカゴ大学を定年退職し、フーバー研究所の上級研究員を、亡くなる二〇〇六年まで務めた。

フリードマンのもっとも有名な仕事は、「マネタリズム」と呼ばれる政策提言である。彼は、裁量的なマクロ経済政策を主張するケインジアン（中心人物はサミュエルソン）を批判し、ルールにもとづく厳格な貨幣供給政策を主張した。その主張の根拠は、経済は放っておいても資源をほぼ完全利用する状態になるという新古典派の需給均衡理論と、貨幣量と物価水準が長期的には比例するという貨幣数量説である。経済には自律的な調整機能があるのだから、貨幣供給量を増やしすぎないように注意して物価を安定させさえすればよいというのが「マネタリズム」の政策提言である。ケインジアンのように失業率を下げようと金融緩和を連発すれば、インフレという物価の不安定状態を作り出し、経済の自律的な機能が損なわれる。また、一九三〇年代の大不況のときのように、貨幣供給をじゅうぶんにおこなわなければ、今度はデフレという物価の不安定状態を作り出し、失敗する。だから、中央銀行はルールにもとづいて貨幣を安定的に供給することが重要である、とフリードマンは主張する。

こうしたフリードマンの主張は、経済理論というより、市場の力を信じる（あるいは政府の能力を信じない）信条のようなものであり、とても説得力があるとは思えない。実際、ケインジアンの全盛期には、奇妙なことを言う少数派という扱いであった。だが、一九六〇年代後半からインフレが加速しはじめ、七〇年代にはインフレ率がかなり高くなり、七三年の石油危機によってインフレと高失業率が同時に起こるスタグフレーションに見舞われると、ケインズ主義の政策指針としての信頼は失われた。そして、一九八一年のレーガン政権から、マネタリズムが政策指針として採用された。

第二次世界大戦後に主流となったケインズ主義は、このように一九八〇年代にマネタリズムに主流の座を取って代わられた。それは、「政府介入主義」から「市場主義」へのへゲモニー交代のなかの一つとして理解されるべきものである。薄っぺらい思想である「市場主義」(市場は善、政府は悪)が、薄っぺらい思想である「政府介入主義」(市場は悪、政府は善)をたたいた。政府介入主義にも先に述べたような問題——政官財の癒着や政治的意思決定の非効率——が澱《おり》のように溜まっており、批判されるべき点はあった。だが、政治を動かして悪い点を改善させようとするならば、冷静に批判するよりも、薄っぺらい思想で扇動する方が手っ取り早い。そこで、フリードマンは、自ら進んで「市場主義」の扇動者となったのである。

「市場主義」で見る差別問題

市場は善、政府は悪とする「市場主義」は、じつに歯切れがよい。市場が自動的に問題を解決するという論理は経済学のなかにある。政府がうまく問題解決ができないという例証も数多く挙げられる。これを組み合わせれば、「市場主義」でどんな問題も斬ることができる。けれども、それは危険な宣伝にしかならない。そのことを理解してもらうために、フリードマンの『資本主義と自由』(一九六二年)にある差別問題に対する主張を採りあげよう。

フリードマンによれば、差別問題を解消するのは自由競争市場である。人種や宗教において、ある特定のグループが経済面で不利な扱いを受けるという問題は、大昔からあった。だが、資本主義の発展とともに、それは大幅に減った。なぜなら、フリードマンによれば、お金儲けを追求する世界である市場では、個人に備わった属性のなかの生産性に関わる部分だけが問題だからである。どんな宗教を信じていようとも、安くてよい製品やサービスを提供する店は繁盛し、そうでない店はつぶれる。また、人を雇うとき、応募者が白人と黒人であり、黒人の応募者の能力が白人の応募者の能力よりも高ければ、黒人の方が採用されるだろう。それは、雇う側が商売で競争をしている以上、当然のことだ。もしも雇う側の好みで能力の低い白人の応募者の方を採用するようならば、そのような事業主は差別なく能力だけで採用する他の事業主に商売で負けるだろう。よって、自由競争市場が働けば、差別はなくなっていくはずである、というのがフリードマンの主張である。

このように、一見すると筋が通っている主張ができてしまうのが、「市場主義」の怖いところである。だが、この主張は、真実の情報を知ることができる人は、知ることができない、もしくは知ろうとしない偏見を持っている人よりも、経済競争のうえで有利であると言っているに過ぎない。人を雇う場合を考えよう。通常、相手の能力を直接見極めることは困難である。そして、相手の能力が直接的には把握できない場合、その人の属するグループの平均で判断するという方法が使われる。黒人の平均的能力が白人より低い場合、黒人グループに属する人は差別的な扱いを受けるのである。多くの雇用主がこのような統計的差別をおこなっているときに、「それは偏見だから止めたほうがいいのでは？」と言うだけで済ますのが、フリードマンの差別に対する処方箋である。彼の言葉を引用しよう。

皮膚の色や親の宗教といったものは、それだけで人を好きになったり嫌いになったりする理由になるべきではない。人は外面的な特徴で判断されるべきではなく、人格や行動から判断されるべきだと固く信じる。この点で私と好みが一致しない人がいることとは承知している。彼らの好みは私に言わせれば偏見や狭量であり、じつに嘆かわしく、軽蔑せざるを得ない。とは言え、言論の自由の上に成り立っている社会で私のとるべき道は、その好みはよろしくない、考えを変え行動を変えてはどうかと説得にこれ努めることである。私の好みを無理矢理押しつけることではない。（フリードマン『資本主義と自由』第七章、訳二一二〜二一三ページ）

要するに、差別する好みを持つ自由を尊重し、何もするなということだ。

ここで、私は、フリードマンを人種差別容認論者として批判したいわけではない。私が強調したいのは、「市場主義」が差別の問題を解決するかのような幻想を与えることである。完全情報市場という理想郷から見れば、どのような現実もその理想郷になっていないという距離を指摘できる。そうすれば、「市場主義」によってどんな問題もばっさりと斬れる。市場が働けばその距離は縮まります、と主張すればいいのだ。解決しない問題をあたかも解決できるかのように主張できてしまう。それが「市場主義」の危険なところである。

日本の会社本位主義の問題——「市場主義」と「民主主義」

何でも斬れる「市場主義」で、日本の会社本位主義の問題に処方箋を書いてみよう。会社本位主義の問題とは、正社員として働く日本の労働者が会社のために忠誠を尽くし、身を粉にして働くように強いられることである。過大な仕事量をこなすために長時間労働が常態であり、しかも会社のために残業代を請求しないことが慣行となっている場合もある。会社のために身を粉にして働ける人間は覚えめでたく出世ルートに乗り、そうでない人間には能力を成長させるよい仕事に回してもらえない。仕事の内容も勤務地も会社の命令次第である。会社が自分をどのように評価しているかはわからず、それがブラックボックスに入っているからこそ、会社の労働者に対する支配力は絶大になる。少しでも誇りを持って働こうと思うならば、会社の全人的な評価基準に乗るしかないので、率先して「会社のために」を信条とする。道徳性や責任感が強い人ほど「会社のために」が強くなり、自分の健康、家族、あるいは顧客や社会を犠牲にすることになる。これが会社本位主義の問題である。

会社本位主義の働き方になる原因は、日本特有のメンバーシップ型の雇用にあると言われている（濱口桂一郎『新しい労働社会』岩波新書）。仕事の内容を決めて雇用契約を結ぶジョブ型の雇用ではなく、仕事の内容を決めずに会社のメンバーになるというかたちで雇用される。会社のメンバー（正社員）は、働き方において会社の支配に服する代わりに、定年までの雇用保証と年功賃金による昇給が与えられるのである。

さて、この会社本位主義の働き方（メンバーシップ型雇用の問題）に対して、「市場主義」はどのような処方箋を書くだろうか？　答えは例によって「市場を機能させよ」である。会社から支配されるのが嫌ならば、辞めればいい。だが、現在はメンバーシップ型の雇用でそれなりに稼げる仕事が埋まっているから、辞めても他に仕事を見つけることができないので辞められない。ならば、全体でメンバーシップ型の雇用を止めて、労働市場を流動化すればよい。会社は雇用保証を与えず、適当な条件で解雇できるようにし、労働者はその代わりに転職できるようにする。これで会社からの過剰な支配はなくなる。仮に労働者を支配したいと会社が考えていたとしても、そのような会社で働きたいという人が出てこなければ、その会社は競争に生き残れない。よって、自由競争こそが問題を解決する。これが「市場主義」からの答えである。

私はこの答えのなかに真実がないとは言わない。いくら「市場主義」が単純思考であるとしても、何もしないで労働者を自由市場にたたき込めとは言わない。労働市場の流動化を適切に機能させるためには、労働者の仕事能力を客観的に示す必要があることは「市場主義」を主張する人びとも認める。そして、仕事能力の評価を会社がブラックボックスのなかに入れておくのではなく、客観的にしていくことが、会社本位主義の問題を解決する一つの道である。労働市場の流動化と、そこでのジョブ・マッチングを可能にする仕事能力の客観化は、正しい解決の一部を含んでいる。

しかし、仕事能力の客観化には当然のことながら限界がある。客観化しにくい能力もあるし、その会社以外では役に立たない能力というのもある。よって、仕事能力の客観化を進めても、「この会社を出て行っても、自分の仕事能力に見合った同じ待遇の仕事を見つけることができる」とまでは言えない。

仕事能力の客観化がじゅうぶんな答えにならないとすれば、会社本位主義の問題を解決するにはどうすればよいか？　会社の労働者に対する一方的な支配を解決する王道は、働き方について労働者が会社と交渉しながら決めていくことだろう。組織に関わる問題解決には、「foot＝出て行く」と「voice＝発言する」の二通りの方法がある。footの道をつけるための仕事能力の客観化も大事だけれど、すでに述べたようにそれだけでは解決しない。voiceによって、われわれ労働者がどのように働き、どのように評価されるのかについて発言し、できるだけ納得できるかたちにしていくことこそ、真の解決の道である。

知識が創造され、活用される現場は、所有者によるアイディアの実現から、会社（組織）における協力・教育継承・多様性に移っている。例えば、トヨタが製造業で成功したのは、組織のメンバー間の協力にもとづくオープンな組織学習によるところが大きい。ミスが起こるとラインを止めて、管理者と作業員とが話し合い、問題点を解明していく。こうした組織学習から生み出される会社の成果は、だれの客観的な仕事能力によるものか、明確にしにくい。それはチームで働いたことがあれば（たとえ学生のアルバイトであっても）、肌身で感じられるだろう。チームでは、経験を共有して学ぶ、先輩から後輩にノウハウを継承する、異なった考えを出し合う、協力して成果を出す、縁の下の力持ちがいる。それが当たり前である。当然ながら、成果を個々の仕事能力の結果としていちいち帰属させようとしていないし、そうしようとすればチームが崩壊する。

そのような状況での労働者の自由は、無理に客観的な仕事能力を明確にして「出て行ける」という自由を獲得することではない（少なくともそれは自由の一部に過ぎない）。ほんとうの労働者の自由は、どのように働き、どのように分配し、どのような未来を描くかに関して、自らの意志を反映させる道があることである。自らが win-win の関係を作り出す一員として、役割を果たすことである。個々が尊重される民主主義――派閥と多数決でない民主主義――こそ、組織のなかで働く人間を自由にする。マルクスのところで見たゲルマン的共同体における個人を思い出してほしい。

ナイトのフリードマンへの態度――「市場主義」は真の自由主義ではない

「市場主義」はあらゆる問題に foot で解決を与えようとする。先の会社本位主義の問題では、仕事能力を客観化し、その人の財産にしてしまえば、それは今いる会社でなく、別の会社にも売れるから、支配されないというわけだ。その面も重要だが、すべてを個々人の財産とし、市場がそれを評価するという枠組みを抜け出していない。組織が知識の創造と活用の現場であるという認識がなく、ゆえに組織内の民主主義＝ voice による解決という道が出てこないのである。

市場を万能ととらえることで、民主主義の観点が欠落するという論点から、私はフランク・ナイトのフリードマンへの批判的な態度を思い出す。『ノーベル経済学賞』（根井雅弘編、講談社選書メチエ）の第二章でも書いたが、フリードマンの特徴を浮き彫りにするために、もう一度紹介することにしよう。

ナイトはシカゴ大学におけるフリードマンの先生であり、自由主義者であった。ハイエクを会長とするモンペルラン協会の副会長も務めるぐらいなので、筋金入りの自由主義者である。ナイトは、「政府介入主義」が幅をきかすなかで、経済に安易に介入することに懐疑的な姿勢をとっていた。その点では、自由競争市場を重視し、政府介入を嫌う「市場主義」のフリードマンと共通性がある。しかし、ナイトは、決して市場万能論者ではなかった。市場は理想通りに機能しないかもしれないし、理想通りに機能するとしても人間的価値――倫理的・審美的・人間能力形成的な観点――からすれば、よい状態とは言えないかもしれない。だから、自由で開かれた民主主義的な討議によって、どのような価値を大事にしていくかを合意し、社会をよりよいものに変えていかなければならない、とナイトは考えていた。社会のことは難しく、何から何まで介入によって改善できるわけではない。そうした冷静さを失い、どんなことでも改善できると思って介入する乱暴さをナイトは厳しく批判する。けれども、ナイトは、冷静な知性を持った人間たちによる民主主義を、難しいとは知りつつ、希望したのである。そこが「市場主義」のフリードマンとは違う。

晩年のナイトは、「市場主義」で突っ走るフリードマンやスティグラーに批判的であったという。宇沢弘文氏が『ヴェブレン』第七章「リベラリズムの思想と経済学」のなかで紹介しているエピソードがある。一九六五年、ナイトの八〇歳の誕生日を祝う会がシカゴ大学で開かれた。司会はスティグラーが務め、フリードマンに近い「市場主義」者がつぎつぎと挨拶に立った。サミュエルソンなどのリベラル派――公平な機会を重視し政府の適切な役割を主張する人びと――も会には出席していたが、挨拶には呼ばれず、一種異様な雰囲気になったという。ナイトは、「市場主義」者たちに、その思想の源流・元祖として持ち上げられることに不満を募らせていたのだろう。会の終わりにナイトが挨拶をした。「私はこの集まりの性格について事前に知らせてもらっていなかった。ただまわりの人々の動きから、多分私のお葬式の用意をしているのだと思っていた」、と。

さらに宇沢氏の回想によれば、つぎのようなエピソードもある。「八〇歳の誕生日のお祝いから、ひと月ぐらい経ってからだと記憶している。ナイト教授がみんなを集めてつぎのように宣言したのである。ジョージ・スティグラーとミルトン・フリードマンの最近の言動は目に余るものがある。この二人は、私の最初の学生であるが（二人とも博士論文をナイト教授の指導のもとに書いた）、今後、私の学生であったということを禁ずる、と」この宇沢氏の回想について、真偽を問題にする意見もある（例えば、フリードマンの博士論文はコロンビア大学からのものであり、ナイトの指導ではない)。だが私は、細かい部分は別にして、さもありなんと感じる。ナイトは、フリードマンの薄っぺらい思想である「市場主義」に対して、それは真の自由主義ではない、と言いたかったのだろう。

「市場主義」は、スミスを継いでいない

「市場は善、政府は悪」という「市場主義」は、薄っぺらい扇動思想である。そして、その薄っぺらさを隠すために、権威づけにスミスを持ち出す。

アダム・スミスが行った洞察の核心は、〝人びとの協同が真に自発的なものである限り、交換の当事者たちである双方が利益を得られないのであれば、どんな交換も行われない〟という点だった。すべての人びとが利益を得られるのだから、人びとを協同させるために、外部からの力とか強制力とかによって自由を侵害する必要などはないわけだ。(M&R・フリードマン『選択の自由』、訳二ページ、強調は原文)

そしてその後に自信満々にスミス『国富論』の「見えざる手」の部分を引用する。公共の利益のためにと出しゃばったところで、大きな利益が実現された例を私は知らない、

と。「市場は善、政府は悪」という「市場主義」は、経済学のはじめからつづく伝統なのだ、と訴えてくる。時代の文脈も、経済と倫理の関係性も、そしてスミスのなかにある資本主義の道徳的条件にも無頓着に、ただ「市場主義」者としてスミスを持ち上げる。

しかし、フリードマンのように「市場は善、政府は悪」と唱えることがスミスを継承することなのか？　そうではないだろう。スミスの条件が満たされなくなった現実に向き合わなければ、真の意味でスミスを継承したことにはならない。一九世紀の労働者階級の貧困も（あるいは現代の低賃金労働の問題も）自発的な交換だから双方が得をしている、で済ませるのか？　ケインズが取り組んだ「金融」の問題も、貸手と借手がいる自発的交換だから互いの利益になっていると言い、しかもそれが協同の利益になっているとまで言い張るのか？　変化する現実のなかでスミスの条件を満たすように試みた経済学者たち――ミル、マーシャル、ケインズ、マルクス――の方が、スミスの精神の真の継承者だ、と私は考える。

さて、本章の冒頭で述べたように、学問的な営みにおける経済学の大きな流れと、現実の政治を動かす力は別である。いかに「市場主義」が現実の政治におけるヘゲモニーを握ったとしても（そして現在も握っているとしても）、地道な学問的な営みにおける底流は、薄っぺらい思想に侵されてはいない。「所有者が主役から降りていく」という流れは、変えようもないのである。次章では、それを現代の「組織の経済学」における会社の所有者（株主）の位置づけという観点から説明する。

【フリードマンの著作】

Friedman, M. (1962), *Capitalism and Freedom*, Chicago University Press.（村井章子訳『資本主義と自由』日経ＢＰ社、二〇〇八年）

Friedman, M. and R. Friedman (1980), *Free to Choose: a personal statement*, New York: Harcourt Brace Jovanovich.（西山千明訳『選択の自由——自立社会への挑戦』日本経済新聞社、二〇一二年）

【フリードマンをもう少し深く知りたい方のために】

〔1〕廣瀬弘毅（二〇一一）「ミルトン・フリードマン——ケインジアンとの闘いの末に得たもの」根井雅弘編『現代経済思想』ミネルヴァ書房、第三章。

〔2〕エイモン・バトラー（一九八九）『フリードマンの経済学と思想』宮川重義訳、多

賀出版。(原著は一九八五年)

〔3〕 根井雅弘(二〇〇八)『市場主義のたそがれ――新自由主義の光と影』中公新書。

〔1〕は、フリードマンの一般向けの紹介であり、マネタリズム・修正フィリップス曲線、自然失業率仮説など、フリードマンの経済学の基本を理解することができる。〔2〕は、より詳しいフリードマンの解説書。〔3〕は、フリードマンを中心とする第二次世界大戦後の経済学の歴史――主としてサミュエルソンのケインズ主義とフリードマンのマネタリズムの争い――を、豊富なエピソードを交えて物語のように伝える。

第七章　組織の経済学

——現代の経済理論における株主の位置づけ

経済思想史をふりかえる①――「よいお金儲け」のために

現代の経済学に入る前に、経済思想史が一つの大きな方向性を持って展開されているという本書の主張をふりかえっておこう。

経済思想史の起点となるのは、アダム・スミスである。スミスは、各自がお金儲けを追求することを肯定したが、無条件にどんな利益追求をしてもよいと言ったわけではない。資本や土地の活用により利益が得られる資本主義経済において利益追求が正当化されるためには、つぎのような道徳的な条件があった。

①自由競争市場がフェア・プレイに則った競争の場であること、特に資本を動かす人間がフェア・プレイを意識する人間であること
②資産を事業に活用するのではなく、貸し出して利益（利子・地代）を得ようとする場合、その行動が資産をよい用途に向けていく助けになり、全体の富裕化を促進すること
③強者が弱者を支配せず、相互利益の関係を結び、弱者の側の能力も活かされること

この条件は、自身のお金儲けが全体の富裕化に繋がっていることを要請するものであり、いわば「よいお金儲け」とは何かを規定するものである。スミスより後の経済学の歴史は、この条件が満たされない現実――全体の富裕化に繋がらない「悪いお金儲け」が力を持つ現実――に直面し、いかにして条件を満たすように経済を変えうるかを追求するものであった。

ミル＝マーシャルは、資本が利潤獲得機械と化し、労働者をこき使って儲けるようになった一九世紀の現実に直面し、資本家＝事業経営者による労働者への分配を提唱した。それは、労働者をフェアに扱うということであり、条件①と条件③が満たされなくなった現実に対応するものであった。コストをかけてでも労働者をフェアに扱い、協力や能力向上を引き出す。積極的に先端技術の開発に投資する。会社の富をそうした方向に向けていくことが、無形の資本である「組織」の充実となり、さらなる活気と創造性に繋がる。事業経営者にそうした真っ当な「よいお金儲け」の道を取らせるためには、よいお金儲けをしている経営者を世間が高く評価し、彼らに富の使い方を委ねる必要がある。正しいことをすれば賞賛される環境でこそ（あるいは正しくないことをすれば非難される環境でこそ）、事業経営者は高い倫理観をもって仕事をするだろう。それがマーシャルの「経済騎士道」であった。

ケインズは、所有者と事業経営者が分離した二〇世紀の現実に直面した。そこでの資産保有者（貯蓄者・債券保有者・株主）の利益追求は、フェア・プレイの競争のなかで顧客に喜ばれることを通じたお金儲けではなくなっていた。貯蓄をする者は、それによって資本蓄積を促進するプラス要因であるどころか、有効需要を減退させるマイナス要因になっている。利子を稼ごうとする債券保有者は、資産保有者同士の自作自演の世界にいるのであり、利子を稼ぐこと自体は誰の喜びとも関係がない。かくして、自分で事業を営まない所有者のお金儲けは、全体の富裕化には繋がっていないという意味で「悪いお金儲け」になってしまうのである。貯蓄をすること、利子を稼ごうとすることは、スミスの条件②を満たさない。

利子を稼ごうとする所有者の行動が「悪いお金儲け」になるのと同様に、株で稼ごうとする所有者の行動も「悪いお金儲け」になりがちである。株主がよいお金儲けをしている企業を高く評価するのであれば、それは「よいお金儲け」になる。けれども、会社の実態を知らない人びとが「美人投票ゲーム」を繰り広げるのであれば、それは「悪いお金儲け」になる。美人投票ゲームの株式市場において重要なことは、会社の評価は長期的な収益を見極めることではなく、人びとがその会社をどう評価するかになってしまうからである。人びとの評価を左右するのはわかりやすい短期的な業績になりがちであり、その状況で評価される側の事業経営者が株価を上げようとすれば、経営の視野が短期化する。つまり、長期的には企業価値を引き上げるような投資を抑えてでも、短期的な利益や成果を追い求めるのである。株式市場に振り回されずに経営できたならば発揮できたであろう真っ当な意欲――社会に役に立つ実業を育て上げていこうとする意欲――が挫かれ、活かされたであろう知識が無駄になるのである。ふりまわした株主たちのお金儲けは、スミスの条件②を満たしていない。ケインズがとらえたのは、そういう世界であった。

よって、ミル＝マーシャルが掲げた企業の倫理化以前に、事業活動が真っ当におこなえるように、所有者のお金儲けによってもたらされる制約を外さなければならない、とケインズは考えた。そのためには、国際通貨制度や国際金融機関、国際資本移動規制、公正な国際貿易制度、そして国内的には管理通貨制度、適切な金融管理、適切な有効需要の安定化政策が必要となる。その一連の条件整備が「ケインズ政策」である。

経済思想史をふりかえる②――知識を創造し、活用する現場へ

われわれはケインズにつづき、時計を巻き戻してマルクスに進んだ。マルクスの資本主義を乗り越えようとする思考は、スミスの条件を満たすためにミル、マーシャル、ケインズが格闘した内容と重なり合うものである。マルクスは、お金儲けがフェア・プレイの競争とも社会全体の富裕化とも切り離されたものになる根源には、「私有」があると考えた。

「私有」は、他と壁で隔てられ、その内部で好き勝手にしてよいとするものである。近代市民社会において、私有財産権は、自分の労働の成果を自分のものにできるということであり、またそれを自分の労働の手段として活用できるということであった。だが、雇う者と雇われる者（生産手段の所有者とそうでない者）が分かれる資本主義経済においては、資本が私有財産であるため、資本の所有者に好き勝手なお金儲けの権利が与えられる。これが資本主義の問題の根っこにある。したがって、資本主義を乗り越えるためには、資本の私有を改めなければならない。

「私有」を乗り越えた先にあるのは、資本の個人的所有と会社の労働者による占有である、とマルクスは言う。その内容を想像すれば、つぎのようなものだろう。株式会社というかたちを取り、資本は株式という持分権に分かれて株主＝個人に所有されているが、それは私有財産ではない。したがって、株主は、私有財産権者としての完全なる支配権を持っていない。代わりに、会社の実質的な支配権は、占有者である労働者が握っている。会社は労働者の意志による連合であり、民主的な手続きにしたがって経営がなされる。株主に対しては危険負担として必要な報酬を渡すが、それを守るかぎり、自主経営に株主が介入することはない。

資本から「私有」の性格を抜くのだが、代わりに実質的支配権を握る労働者が会社を私物化しては、「私有」がもたらす反社会性から抜け出せない。よって、会社の資本＝富は誰の私物でもなく、有効に活用する能力を持った労働者に託されたものという位置づけになる。社会が労働者に託したのだから、労働者は社会に対して信託に応えていることを示す責任がある。わが会社は、フェア・プレイの競争のなかで利益を出し、社会に役立つ財・サービスを創造しつづけるために投資をしているということを、社会に向かって説明する責任を負っているのである。

ここまでで、経済思想史が「所有者が主役から降りていく」という方向性を持っていることが明らかにされた。それは、知識を創造し、活用する現場が、富を所有する者によるアイディアの挑戦ではなく、富を実際に活用する者たちの方に移っていくことに対応している。

この観点から、所有者＝私有財産権者が知識を活用する自由を最重要視したハイエクは、大きな方向性から見ると逆行と位置づけられる。また、「市場は善、政府は悪」という「市場主義」を主導したフリードマンも、所有権確定と自由市場という処方箋しか出てこないゆえ、本流から外れた存在である。

現代における所有

さて、ここまでを踏まえたうえで、現代の経済学に入ろう。現代において所有者はどのように位置づけられているのだろうか？　それを、組織の経済学における会社の所有者（株主）の位置づけによって示そう。

結論を先に述べると、現代の経済学における「会社は誰のものか」問題への結論は、「一応、株主を主権者ということにしておく」である。だが、その一応の結論は、われわれが経済思想史をとらえる視点からすると、じゅうぶんな答えではない。そこで、歴史の方向性から何が必要とされているのかを、最後に述べよう。

株主の地位の後退と強化

株式会社における株主の位置づけは、時代によって変遷してきた。バーリーとミーンズが『近代株式会社と私有財産』において「所有と経営の分離」という現代株式会社の特徴――所有者＝株主はもはや会社の支配者ではない――を指摘したのが一九三二年である。そして、第二次世界大戦後には、所有経営者は後退し、専門経営者が大規模株式会社を舵取りする傾向が明白になった。株主の会社への影響力が低下するにつれて、会社は株主利益のためだけに存在するのではないという考え方が強くなり、企業の社会的責任が強調されるようになった。

しかし、一九六〇年代の終わりごろから、次第に流れが変わってきた。「政府介入主義」の時代に暴走を警戒して抑え込んできた「金融」が、利益追求の自己主張をはじめたからである。株主に関して言えば、経営を専門経営者に任せておくのではなく、議決権を行使して株主利益を実現させようと積極的に動き出すようになった。ある程度まとまって所有する機関投資家ならば、圧力をかければ利益を引き出せることを学んだのである（また、それが可能になるように制度を変えていった）。「会社は株主のものであり、株主利益のために行動しなければならない」という、ハイエクやフリードマンたち自由主義者の従来からの主張が、徐々に実りはじめた──実りはじめてしまった──のである。

「金融」につけていた手綱が解き放たれ、現在に至るまで「市場主義」のヘゲモニーがつづいている。会社におけるステイクホルダー（従業員・取引先・消費者・地域社会などの利害関係者たち）の利益は大事にすべきと語られるけれども、それは最終的に企業価値を上げる（株主の利益になる）からであり、そうでないときは大事にされはしない。企業の社会的責任も大事にすべきと語られるけれども、やはり株主利益にかなうかぎりのことであり、そうでないときには大事にされはしない。

このように、現在のヘゲモニーは「市場主義」、会社の支配で言えば株主主権の側にある。だが、経済理論の世界では、株主主権は絶対的命題ではない。結論としては株主を主権者の地位に置くとしても、それは文句なしの結論ではなく、一応の結論に過ぎないのである。

経済理論における株主主権論――その通説的な論理

現代の経済理論において、会社の支配権を誰に委ねるべきと考えているのか？　順を追って説明しよう。まず、「会社の支配権は株主が持つべきである」と主張する通説的な論理を紹介する。つぎに、その論理における想定には欠陥があることを示す。さらに、労働者に支配権を委ねる場合の問題点を指摘し、支配権に関する現代の経済学の一応の結論を述べよう。

株主主権を擁護する通説的な論理は、つぎのようなものである。会社は、ヒト・モノ・カネを調達し、財・サービスを提供する活動をしているため、さまざまな相手と契約を結んでいる。労働者と労働契約を結び、労働という生産要素の対価として賃金を払う。銀行と債務の契約を結び、借り入れの対価として利子を払う。製品納入先の企業と販売契約を結び、製品の対価として代金を受け取る、等々。これらの契約をどのように結んでいくかが会社の経営というものであり、うまくやれば諸契約で定められた支払い義務と代金受け取りの差し引き（残余利益）がプラスになる。会社の支配権を誰に委ねるのかという問題は、この残余利益を獲得するのは誰なのかという問題である。

ここまででは、支配権を委ねる可能性がある主体は多い。株主が残余利益を獲得するというのは、一つの可能性に過ぎない。株主への支払いを確定的な契約とし、残余利益を従業員組織が獲得する可能性もある（生産者協同組合・従業員支配会社）。株主へも従業員にも確定的な支払い契約をし、消費者が残余利益を獲得する可能性もある（消費者協同組合）。数ある候補のなかで、株主に残余利益を帰属させ、支配権を持たせるべきだとする根拠は、株主がもっともリスク許容度が大きいからである（株主は有限責任であり、また株を株式市場でいつでも売却できるから）。残余利益は不確定な変動にさらされるので、リスク許容度の高い主体が残余利益の帰属先になるのが望ましい（逆に、リスク許容度の低い主体は、確定的な契約によって保護されるのが望ましい）。そして、残余利益の帰属先となった株主はそれを最大化するインセンティブを持つから、会社の支配権を株主に与え、残余利益を最大化するように監視させるべきということになる。よって、株主が議決権を持ち、株主総会が会社を支配する最終的な権限を持つという「株主主権」が正当化される。これが、株主主権論を支える通説的な論理である。

通説的な株主主権論の欠陥

この株主主権を導出する論理には、以下の二つの点で重要な欠陥がある。

第一は、株主以外の主体には支払い義務や製品の受け渡し等に関して、事前に確定した契約（完備契約という）を結べると想定していることである。だが、実際には取引の対象に関する契約を事前に完全に確定させることはできない（契約は不完備である）。例えば、労働者に労務を提供してもらい、会社が賃金という対価を払う場合を考えよう。労働者にどの程度の努力水準での労務を提供してもらうか、労働者が学習にどれだけ労力を費やすか、事前に確定して労働契約を結ぶことはできないだろう。とすれば、労働者の努力を引き出したり、学習を促したりするためには、残余利益の一部を労働者に与える必要が出てくる。

これは、株主の主権者としての地位をそのままに、労働者に対して適切なインセンティブを与えるという問題にとどまらない。残余利益の一部という不確定で契約に書き込むことも難しい（いわば当てにならない）利得のために、努力や学習といった投入を労働者におこなわせることは難しいかもしれない。とすれば、残余利益をどう分配するのかという問題に、労働者が関与する必要がある。それはつまり、重要な意思決定における労働者の経営参加のようなかたちで、労働者に会社の支配権の一部を委ねることを意味する。

努力や学習が関係する長期的な雇用契約を例に述べてきたが、下請け部品メーカーとの契約だろうと、銀行との債務契約だろうと、同じである。一般に、事前に契約ですべてを明記できないならば、その投入者の事後的な関与の仕組みが必要となる。よって、理屈の上で株主は唯一の残余利益の帰属先ではなく、唯一の支配権保持者でもない。

第二は、株主が会社の経営者に会社価値を最大化する行動をとらせるだけの監視能力を持っていると想定していることである。しかし、所有と経営が分離した現代の株式会社において、株主はじゅうぶんな経営情報を持たない外部者であり、当然、内部者（実務経営者・労働者）にくらべて情報上劣位にある。情報上の劣位にあれば、その監視能力にも限界がある。真の会社の情報を知らない株主は、じゅうぶんな監視者でないばかりでなく、ケインズが「美人投票ゲーム」のたとえで指摘したように、真の会社価値の最大化とは別の行動原理で動くかもしれない（例えば、短期的な株価最大化のために、長期的な会社価値の最大化を犠牲にする）。

株主は残余利益の帰属先なので、残余利益を最大化するための監視をおこなうもっとも強いインセンティブを持つという理屈も通用しない。もしも監視を怠ってもっとも損をする者が、監視を担うもっとも強いインセンティブを持つとするならば、もっとも損をするのは有限責任の株主ではない。もっとも損をするのは、会社との長期雇用契約を期待する

——会社が傾けば職を失い、その会社でしか通用しない人的資本への投資が無駄になる——労働者である。労働者たちが自らの長期的利益の基盤である会社を自律的に効率的に大きくしていこうとしたり、危機に陥ったときに立て直そうとしたりする力が、株主の監視能力よりも低いと考える先験的な理由はない。

かくして、株主主権論を支える通説的な論理は、大いに問題がある。少なくとも論理だけで株主主権論を正当化することはできない。

従業員組織に支配権を委ねることのマイナス面

株主主権は、絶対的命題ではない。とすれば、会社の支配権を誰に委ねるべきかを検討するために、株主以外——なかでも検討に値する従業員組織——に委ねる場合の問題点を整理する必要がある。

従業員組織に会社の支配権を委ねることの問題点は、彼らが効率的な経営をしないかもしれないということである。たしかに、長期的雇用により深く会社にコミットした従業員は、効率的な経営をおこない、会社の規模を大きくすることを通じて、自分たちの長期的な利益とその安定を享受できるので、そうしようとするインセンティブを持つ。だが、従業員組織の民主的関与によって経営される会社は、従業員を大事にするという基本姿勢を持っているだろうから、経営危機に陥った際、従業員に痛みをともなう経営改革をしにくい。会社の長期的な繁栄のために賞与を少し削減するぐらいならば、従業員は（将来の利益のことも考えて）納得するかもしれない。しかし、大幅な賃金の引き下げや解雇をともなうリストラとなれば、容易に合意できないだろう。かくして、経営改革をすることが企業価値の長期的最大化に資するとしてもそれができず、結局は会社資産を浪費してしまう可能性がある。

従業員組織の自律的管理は、リストラを必要とする経営縮小期でなくても、効率性を損なうかもしれない。従業員組織が残余利益の分配を支配すれば、労働者の必要に応えて分配できるようになる。例えば、現在、労働組合が会社に対して「働きやすさ」の観点から要求している内容を考えてみればよい。現在は利益を出すという要請から、経営側はその要求のかなりの部分を退けることができる。しかし、残余利益を従業員組織が支配していると考えるならば、要求を退けることは難しくなる。そして、労働組合のような組織から出てくる要求は、必ずしも労働者全体の働きやすさを考慮して精査されたものではない。よって、その要求に応えることが、労働者全体の働きやすさ、ひいては創造的な企業活動に繋がるという保証はない。誰が得をするのかよくわからない要求に応えていくうちに、残余利益が浪費されていく。そして、組織における支出はたいがいにおいて惰性でつづくので、見直されることなく浪費が定着してしまう可能性がある。労働組合と経営者が、その会社の長期的な創造性を最大化するという目的を共有し、ともに自律的管理の担い手になるのであれば、このような問題は起きないだろう。けれども、組織がそううまく動くとはかぎらない。

また、従業員組織が残余利益の分配を支配するならば、だれにどのように分配するかで争いが起きるかもしれない。開発部門と営業部門のどちらに予算をつけるのか、年長者と若年層のどちらに多く分配するのか……等々。内部で分配をめぐる争いをつづければ、それによってまた資源が浪費されてしまう（その点、株主への分配は持ち株比率という明確な基準があるから、争いになりにくい）。

まとめよう。従業員組織は、企業価値を最大化するための知識を持っているし、通常であればその意欲もじゅうぶんに持っている。だが、経営危機のとき、自律的管理がうまく組織されないとき、あるいは内部での分配争いが起きるときには、必ずしも効率的な経営（企業価値を長期的に最大化する経営）ができるとはかぎらない。よって、従業員組織に会社の支配権を委ねることには、部分的にであれば可能であり、効率的でもあろうが、完全に委ねる場合にはかなりの問題がありそうだ。

一応の答えとしての株主主権――利益を外に報告する

会社の支配権を誰に委ねるべきか？　株主と従業員組織、どちらにも問題があり、完全な答えは出ていない。ただ、暫定的な答えは、つぎのようなものであろう。現行の制度は株主主権でできているので、それはそれとして置いておく。従業員に一定の支配権を委ねたり、一定の利益を分配したりすることが、長期的な企業価値の最大化に有効であろうことは予想できるので、株主は一定程度、支配権と残余利益の分配について譲るだろう。このwin-winの関係でだいたいの場合はうまくいく。ときに自治を与えた従業員組織の浪費に株主が気づけないこともあろう。ときに株主が短期的利益のために誤った判断を押しつけることもあろう。だが、それは周辺的な問題であり、「原則としての株主主権」はそのままでいい。これが、暫定的な答えである。

従業員主権の欠点という観点から、この「一応の株主主権」を言い換えるならば、つぎのようになるだろう。従業員組織が会社資源を浪費しないために、株主に帰属する利益という数字を年度ごとに会計情報として出してもらう。利益が不十分ならば経営者の責任問題になるので、経営者は利益を多く報告しようとする。もし、支配権も利益分配権も従業員が握ってしまえば、株主に対しては最低保障配当を出すだけで済み、内部でどんな浪費が起こっていようともわからないし、誰もチェックできない。だから、利益を外に報告するというかたちをとるのである。

会社が浪費をしているのかどうか、情報劣位の株主の立場からはじゅうぶんな判断はできない。だから、「一応利益の数字を出す」のは株主のためではない。浪費しないでかたちある何かを残し、企業価値の長期的な最大化を実現するため——効率的な経営によって得をする社会のため——である。これが、「一応の株主主権」の意味である。

このように、現代の経済理論における暫定的な結論は「一応の株主主権」である。情報の非対称性も不完備契約の問題も無視して、株主が万能の支配者であると主張する「純粋株主主権」を唱える者は、現代の経済理論の世界にはいない。株主は万能の支配者ではないけれども、それ以外（従業員組織など）を支配者にすることの問題点も多いから、残余利益を一応は株主に帰属させ、支配権も一応は株主にあるということにしておこう、というのが大方の合意である。

株主が完全な支配者から「一応」の支配者になっているところに、「所有者の後退」が見られる。これが、経済学の学問的な営みにおいて、現在進んでいる方向である。この方向性からすれば、ハイエクやフリードマンの所有権者礼賛が主流ではないことがわかるであろう。

では、「一応の株主主権」から先に動くだろうか？　私は、経済学の歴史が指し示す方向の素直な延長として、先に動くだろうと予想する。

「一応の株主主権」を超えて

現代の経済理論がとっている「一応の株主主権」は、現行制度を大きく変更する必要がないという点で、言うなれば大人の対応である。だが、株主を支配者としていることによる超えられない限界がある。

それは、企業の社会的責任が、ほんとうの意味での社会に対する責任にはなりきれないということである。企業経営を任されている経営者は、現行の株式会社制度のうえでは株主に対して責任を負っているのであり、社会に対して責任を負っているのではない。ゆえに企業の社会的責任は、それを掲げることによって企業価値の長期的な最大化に資するかぎりに限定される。社会的には意義があるが、その企業の収益には直接には結びつかないような支出はできない。できるのは、それが社会的評判を高めて、あるいは労働者の内発的動機を高めて、長期的には企業の収益になるかぎりにおいてである。

社会的な負の効果の抑制についても、同じように制約がある。社会に著しい負の効果を与えるリスクをともなった事業——例えば生態系の破壊や放射能汚染など——において、そのリスクを減らすことに対して、株式会社はじゅうぶんな関心を持たない。たとえ深刻な負の効果を社会に与えたとしても、最大限で株主の持ち分が損害賠償で吹き飛ぶだけだからである。株主には、「(株式価値)×(リスク確率の減少)」を超えて、リスク対策に支出するインセンティブはない。したがって、そうしたリスクへの対応は、会社の評判を下げない程度にやっておけばいいのである。

個々の経営者は、実際のところそれほど株主利益に忠実に行動しているわけではないかもしれない。社会的に意義のある、やりがいのある仕事をしようという意欲を持っているかもしれないし、社会に迷惑をかけるようなリスクを真剣に減らそうと考えているかもしれない。けれども、その主観的な倫理性は、やはり株主を主権者とする法制度のなかで制約されたものにならざるをえない。

そして、この経営者が直面する制約は、個々の労働者に対する制約でもある。会社という組織で仕事をすれば、会社のなかの人間とも外の人間とも関係を持つ。人間と人間の関係である以上、そこには道徳的・倫理的でありたいという当然の感情がもともとはある。競争や取引はフェアでありたいし、組織で協力するならば互いを認め合いたい。だが、そのような感情を押し殺し、あるいは存在しなかったかのようにふるまわせるのが、「利益を上げよ」という至上命題である。株主を会社の支配者とし、株主のために利益を上げることが会社の目的であるという形式を受け入れた時点で、われわれは利益を上げることの目的を問わなくなる。その天上からの命令の意味を考えることがあるとすれば、それは「だって利益を上げなければ会社がつぶれて、われわれ自身が困るでしょ」という程度である。こうして仕事から誇りが失われ、社会的であるはずの人間が利潤獲得機械になってしまう。

利益の意味を問わず、それを自己目的化してしまうこと。これが、株主を支配者とした場合の超えられない限界である。マルクスが、「私有」を乗り越え、個人的所有と労働者による占有という新しい会社の形態をめざしたのは、まさにこの限界を突破するためであった。

利益を自己目的化してはならない。利益があることは誇りある仕事をつづけるための条件であり、またそれを拡大していくための基盤である。その基本に戻すため、言い換えるならばスミスの資本主義の条件——その第一は市場をフェア・プレイの精神を持った人間たちのフェアな競争の場にすることであった——を満たすため、私有財産権＝株主主権の原則に手をつける必要がある。残余利益を創造的な仕事を展開するための資源として従業員組織に託し、株主の権限は従業員組織による浪費をチェックする役割に限定しなければならない。仕事の内容、働き方、将来の計画、利益の分配について、明示的に従業員組織に託す制度に移行することで、経営者も労働者も、はじめて利益を「われわれが誇り高き仕事をつづけるための資源」と認識することができる。それが労働者の自治能力の成長と内発的動機の喚起に及ぼす影響は、決して小さなものではないだろう。

スミスにはじまり、スミスに戻る

われわれは、スミスの挙げた資本主義の道徳的条件を満たすための挑戦として、スミス以後の経済思想史を見てきた。それは、お金儲けがフェア・プレイの精神とも、社会全体の富裕化とも切れた利潤獲得機械になってしまうことを、いかに抑止するかであった。スミスが示した国を豊かにするための両輪――「庶民の努力」と「見えざる手」――のうち、後者はつねに暴走の危険があったということである。

ということは、裏を返せば、お金儲けの暴走によって邪魔されることなく、庶民の努力を引き出すことが、豊かな国を作り出す本筋ということもできるだろう。マルクスから導かれる新しい会社のあり方、つまり「労働者に富を託し、その社会的責任を負わせる」というう会社のあり方は、働く人びとに対して「採算がとれるかぎり、あなた方が働きたいように働いてください」ということである。これこそ「庶民の努力」を引き出す王道なのではなかろうか？

スミスからはじまった経済学は、スミスに戻る。そして、それが資本主義の未来をも指し示しているように、私には思える。

【会社の支配権に関する経済理論をもう少し深く知りたい方に】

〔1〕菊澤研宗（二〇〇六）『組織の経済学入門――新制度派経済学アプローチ』有斐閣。

〔2〕メイヤー、C.（二〇一四）『ファーム・コミットメント――信頼できる株式会社をつくる』（宮島英昭監訳）、NTT出版。（原著は二〇一三年）

〔3〕ミルグロム、P.＆J.ロバーツ（一九九七）『組織の経済学』（奥野正寛他訳）、NTT出版。（原著は一九九二年）

〔1〕は、「組織の経済学」の入門となる著作。「取引費用」「エージェンシー問題」「所有権理論」を分けて説明しており、それぞれのアプローチの射程がわかる。〔2〕は、株式会社を他者へのコミットメントの器ととらえ、株主主権の会社観を乗り越えようとする著作。企業が使命を掲げ、それを実現しているか評価を受ける制度を作ることを提唱して

いる。本書が示した将来の方向性——株主、従業員のどちらの私物でもない会社——の具体的な姿の一つであろう。〔3〕は、少し旧《ふる》いが「組織の経済学」の標準的な教科書である。ミクロ経済学を修得したら、そのつぎに学習するためによいだろう。

あとがき

最近読んで印象深かった入門書に、國分功一郎氏の『近代政治哲学――自然・主権・行政』（ちくま新書、二〇一五年）がある。社会思想史・政治思想史にも関心があるので、いろいろとその入門書や解説書を読んできたけれども、この本ほど一本の線として明快に語られているものは、他になかった。ホッブズ、スピノザ、ロック、ルソー、ヒューム、カントとつづくのだが、それがバラバラでなく、「主権」という概念をどう位置づけ、その問題性をどうとらえてきたかという統一した視点があり、非常に充実した「入門書」であった。新書を書くなら、こういう本にしたいと思った。

今回、経済思想史の入門書を書くに当たり、一本の線を通すことを意識した。アダム・スミスが資本主義を肯定できるための道徳的条件を設定し、後の経済学者がこの条件が満たされない現実に直面して、条件を回復するように格闘する、という大きな流れとして描くのである。

思想史は、実際には複雑であり、さまざまな枝葉が交錯している。本書で登場した経済思想史上の大物たち――スミス、ミル、マーシャル、ケインズ、マルクス――を深く理解するためには、この複雑な枝葉にも分け入る必要がある。例えば、スミスを理解するには、スミスの先駆者や同時代人をしっかり理解する必要があるし、またスミス自身の思想の揺れにも目を向ける必要がある。だが、そうした枝葉の部分は少し後回しにしてでも、まずは幹の部分を理解することが大事なのではないか、と考えた。なるほど、思想史は面白い、思想史はアクチュアルな問題を考えるために役に立つ、という充実感――國分氏の入門書から得られるような――をめざしたのである。成功しているとすれば、たいへんにうれしい。

本書は、経済思想史を一本の線として描こうとした結果、大物であるハイエクを傍流に追いやることになった。しかし、傍流といっても、本流を浮き彫りにする力を持った準主役といってよい。私が本書の経済思想史のストーリーを一本の映画にするならば、ケインズが『隷従への道』の感想を述べたハイエクへの手紙（第五章）をハイライトに持ってくるだろう。アダム・スミスの真の後継者を自任する二人が対決するシーンである。面白い映画になるに違いない。

本書は、経済思想史を「所有者が主役から降りていく」という流れでとらえた。富の活用者が主役になっていくという方向性でもあるが、言い換えるなら、主役にまだなれていない人びと、そのアクティブさが眠った状態にある人びとに、光を当てるということでもある。

私の国、日本で、どこに一番、未開花のアクティブさ、眠れる潜在能力があるかを考えたとき、それは若者、会社員、女性にあると思う。就職というレールに乗らなければならない若者、会社という組織に縛られる会社員、家族的義務を暗黙に負わなければならない女性。彼ら／彼女らが、アクティブになれる環境を作ることが、経済学に求められているのではないか。新自由主義者が主張するように、アイディアを持った起業家を支援するのも、ベンチャー・キャピタルが起業家たちを育てるのも大事である。それはアクティブな所有者の世界であり、まったく否定しない（私が否定的なのはアクティブでない所有者であり、アクティブな所有者たちの活動はむしろ活性化してほしい）。しかし、それは眠れる力を引き出す一つに過ぎない。所有者でない人びとにも、同じく光を当てるべきである。普通の人の熱意と学習がよい経済、つまり「よいお金儲け」と売り手と買い手双方の幸福に繋がる経済を創り出す。経済思想史の大きな流れから、そんなことを私は思う。

本稿の出版元として講談社現代新書をご紹介いただいた、根井雅弘先生に深く感謝申し上げます。私は、大学院時代の経済学史・経済思想史の指導を、八木紀一郎先生と根井先生から受けました。この場を借りて、学恩に感謝いたします。両先生とも直接に何かを教えるということはありませんでした。しかし、お話をすれば必ず収穫がありました。それが大学院レベルの教育というものなのでしょう。八木先生が平田清明先生から受け継いだもの、根井先生が伊東光晴先生から受け継いだものが、私にも継承され、それが本書にも活かされていることを望みます。

また、本書の編集に当たり、講談社現代新書の所澤さんには、たいへんお世話になりました。ありがたい励ましのお言葉は執筆のモチベーションとなりました。修正のアドバイスは適切で、確実に元の原稿よりもよくなりました。まことにありがとうございました。

二〇一八年三月

中村隆之

講談社現代新書　2482

はじめての経済《けいざい》思想史《しそうし》　アダム・スミスから現代《げんだい》まで

二〇一八年六月二〇日第一刷発行　二〇二四年六月二一日第四刷発行

著　者　中村隆之《なかむらたかゆき》　

発行者　森田浩章

発行所　株式会社講談社

東京都文京区音羽二丁目一二―二一　郵便番号一一二―八〇〇一

電　話　〇三―五三九五―三五二一　編集（現代新書）

〇三―五三九五―四四一五　販売

〇三―五三九五―三六一五　業務

装幀者　中島英樹

印刷所　株式会社ＫＰＳプロダクツ

製本所　株式会社ＫＰＳプロダクツ

定価はカバーに表示してあります　Printed in Japan

N.D.C.331.2　224p　18cm

ISBN978-4-06-512227-3

「講談社現代新書」の刊行にあたって

教養は万人が身をもって養い創造すべきものであって、一部の専門家の占有物として、ただ一方的に人々の手もとに配布され伝達されうるものではありません。

しかし、不幸にしてわが国の現状では、教養の重要な養いとなるべき書物は、ほとんど講壇からの天下りや単なる解説に終始し、知識技術を真剣に希求する青少年・学生・一般民衆の根本的な疑問や興味は、けっして十分に答えられ、解きほぐされ、手引きされることがありません。万人の内奥から発した真正の教養への芽ばえが、こうして放置され、むなしく滅びさる運命にゆだねられているのです。

このことは、中・高校だけで教育をおわる人々の成長をはばんでいるだけでなく、大学に進んだり、インテリと目されたりする人々の精神力の健康さえもむしばみ、わが国の文化の実質をまことに脆弱なものにしています。単なる博識以上の根強い思索力・判断力、および確かな技術にささえられた教養を必要とする日本の将来にとって、これは真剣に憂慮されなければならない事態であるといわなければなりません。

わたしたちの「講談社現代新書」は、この事態の克服を意図して計画されたものです。これによってわたしたちは、講壇からの天下りでもなく、単なる解説書でもない、もっぱら万人の魂に生ずる初発的かつ根本的な問題をとらえ、掘り起こし、手引きし、しかも最新の知識への展望を万人に確立させる書物を、新しく世の中に送り出したいと念願しています。

わたしたちは、創業以来民衆を対象とする啓蒙の仕事に専心してきた講談社にとって、これこそもっともふさわしい課題であり、伝統ある出版社としての義務でもあると考えているのです。

一九六四年四月　野間省一

哲学・思想Ⅰ

Ⓐ

哲学・思想Ⅱ

宗教

©

政治・社会

経済・ビジネス

350 経済学はむずかしくない〈第2版〉――都留重人
1596 失敗を生かす仕事術　畑村洋太郎
1624 企業を高めるブランド戦略――田中洋
1641 ゼロからわかる経済の基本――野口旭
1656 コーチングの技術――菅原裕子
1926 不機嫌な職場――高橋克徳　河合太介　永田稔　渡部幹
1992 経済成長という病――平川克美
1997 日本の雇用――大久保幸夫
2010 日本銀行は信用できるか　岩田規久男
2016 職場は感情で変わる　高橋克徳
2036 決算書はここだけ読め!――前川修満
2064 決算書はここだけ読め!　キャッシュ・フロー計算書編　前川修満
2125 ビジネスマンのための「行動観察」入門　松波晴人
2148 経済成長神話の終わり　アンドリュー・J・サター　中村起子 訳
2171 経済学の犯罪――佐伯啓思
2178 経済学の思考法――小島寛之
2218 会社を変える分析の力　河本薫
2229 ビジネスをつくる仕事　小林敬幸
2235 20代のための「キャリア」と「仕事」入門――塩野誠
2236 部長の資格――米田巖
2240 会社を変える会議の力　杉野幹人
2242 孤独な日銀――白川浩道
2261 変わった世界　変わらない日本――野口悠紀雄
2267 「失敗」の経済政策史　川北隆雄
2300 世界に冠たる中小企業　黒崎誠
2303 「タレント」の時代――酒井崇男
2307 AIの衝撃――小林雅一
2324 〈税金逃れ〉の衝撃　深見浩一郎
2334 介護ビジネスの罠――長岡美代
2350 仕事の技法――田坂広志
2362 トヨタの強さの秘密　酒井崇男
2371 捨てられる銀行――橋本卓典
2412 楽しく学べる「知財」入門――稲穂健市
2416 日本経済入門――野口悠紀雄
2422 捨てられる銀行2　非産運用――橋本卓典
2423 勇敢な日本経済論――髙橋洋一　ぐっちーさん
2425 真説・企業論――中野剛志
2426 東芝解体　電機メーカーが消える日　大西康之

世界の言語・文化・地理

日本史Ⅰ

1258 身分差別社会の真実――斎藤洋一 大石慎三郎
1265 七三一部隊――常石敬一
1292 日光東照宮の謎――高藤晴俊
1322 藤原氏千年――朧谷寿
1379 白村江――遠山美都男
1394 参勤交代――山本博文
1414 謎とき日本近現代史 野島博之
1599 戦争の日本近現代史 加藤陽子
1648 天皇と日本の起源 遠山美都男
1680 鉄道ひとつばなし――原武史
1702 日本史の考え方――石川晶康
1707 参謀本部と陸軍大学校 黒野耐
1797 「特攻」と日本人――保阪正康
1885 鉄道ひとつばなし2――原武史
1900 日中戦争――小林英夫
1918 日本人はなぜキツネにだまされなくなったのか 内山節
1924 東京裁判――日暮吉延
1931 幕臣たちの明治維新 安藤優一郎
1971 歴史と外交――東郷和彦
1982 皇軍兵士の日常生活 一ノ瀬俊也
2031 明治維新 1858-1881 坂野潤治 大野健一
2040 中世を道から読む――齋藤慎一
2089 占いと中世人――菅原正子
2095 鉄道ひとつばなし3――原武史
2098 戦前昭和の社会 1926-1945――井上寿一
2106 戦国誕生――渡邊大門
2109 「神道」の虚像と実像 井上寛司
2152 鉄道と国家――小牟田哲彦
2154 邪馬台国をとらえなおす――大塚初重
2190 戦前日本の安全保障――川田稔
2192 江戸の小判ゲーム――山室恭子
2196 藤原道長の日常生活 倉本一宏
2202 西郷隆盛と明治維新 坂野潤治
2248 城を攻める 城を守る――伊東潤
2272 昭和陸軍全史1――川田稔
2278 織田信長〈天下人〉の実像 金子拓
2284 ヌードと愛国――池川玲子
2299 日本海軍と政治――手嶋泰伸

Ⓖ

日本史Ⅱ

2319 昭和陸軍全史3——川田稔
2328 タモリと戦後ニッポン　近藤正高
2330 弥生時代の歴史——藤尾慎一郎
2343 天下統一——黒嶋敏
2351 戦国の陣形——乃至政彦
2376 昭和の戦争——井上寿一
2380 刀の日本史——加来耕三
2382 田中角栄——服部龍二
2394 井伊直虎——夏目琢史
2398 日米開戦と情報戦——森山優
2401 愛と狂瀾のメリークリスマス　堀井憲一郎
2402 ジャニーズと日本——矢野利裕
2405 織田信長の城——加藤理文
2414 海の向こうから見た倭国　高田貫太
2417 ビートたけしと北野武　近藤正高
2428 戦争の日本古代史——倉本一宏
2438 飛行機の戦争 1914-1945——一ノ瀬俊也
2449 天皇家のお葬式——大角修
2451 不死身の特攻兵——鴻上尚史
2453 戦争調査会——井上寿一
2454 縄文の思想——瀬川拓郎
2460 自民党秘史——岡崎守恭
2462 王政復古——久住真也

世界史I

世界史Ⅱ

959 東インド会社―浅田實
971 文化大革命―矢吹晋
1085 アラブとイスラエル 高橋和夫
1099 「民族」で読むアメリカ 野村達朗
1231 キング牧師とマルコムX 上坂昇
1306 モンゴル帝国の興亡〈上〉―杉山正明
1307 モンゴル帝国の興亡〈下〉―杉山正明
1366 新書アフリカ史―宮本正興 松田素二 編
1588 現代アラブの社会思想 池内恵
1746 中国の大盗賊・完全版―高島俊男
1761 中国文明の歴史―岡田英弘
1769 まんが パレスチナ問題 山井教雄
1811 歴史を学ぶということ 入江昭
1932 都市計画の世界史―日端康雄
1966 〈満洲〉の歴史―小林英夫
2018 古代中国の虚像と実像 落合淳思
2025 まんが 現代史―山井教雄
2053 〈中東〉の考え方―酒井啓子
2120 居酒屋の世界史―下田淳
2182 おどろきの中国 橋爪大三郎 大澤真幸 宮台真司
2189 世界史の中のパレスチナ問題 臼杵陽
2257 歴史家が見る現代世界 入江昭
2301 高層建築物の世界史 大澤昭彦
2331 続 まんが パレスチナ問題 山井教雄
2338 世界史を変えた薬 佐藤健太郎
2345 鄧小平―エズラ・F・ヴォーゲル 聞き手＝橋爪大三郎
2386 〈情報〉帝国の興亡―玉木俊明
2409 〈軍〉の中国史―澁谷由里
2410 入門 東南アジア近現代史 岩崎育夫
2445 珈琲の世界史―旦部幸博
2457 世界神話学入門―後藤明
2459 9・11後の現代史 酒井啓子

自然科学・医学

1141 安楽死と尊厳死――保阪正康
1328 「複雑系」とは何か――吉永良正
1343 カンブリア紀の怪物たち サイモン・コンウェイ・モリス 松井孝典 監訳
1500 科学の現在を問う 村上陽一郎
1511 優生学と人間社会――米本昌平 松原洋子 橳島次郎 市野川容孝
1689 時間の分子生物学――粂和彦
1700 核兵器のしくみ――山田克哉
1706 新しいリハビリテーション 大川弥生
1786 数学的思考法――芳沢光雄
1805 人類進化の700万年 三井誠
1813 はじめての〈超ひも理論〉 川合光
1840 算数・数学が得意になる本 芳沢光雄
1861 〈勝負脳〉の鍛え方――林成之
1881 「生きている」を見つめる医療――中村桂子 山岸敦
1891 生物と無生物のあいだ 福岡伸一
1925 数学でつまずくのはなぜか 小島寛之
1929 脳のなかの身体――宮本省三
2000 世界は分けてもわからない 福岡伸一
2023 ロボットとは何か――石黒浩
2039 ソーシャルブレインズ入門 藤井直敬
2097 〈麻薬〉のすべて――船山信次
2122 量子力学の哲学――森田邦久
2166 化石の分子生物学――更科功
2191 DNA医学の最先端 大野典也
2204 森の力――宮脇昭
2219 宇宙はなぜこのような宇宙なのか――青木薫
2226 宇宙生物学で読み解く「人体」の不思議――吉田たかよし
2244 呼鈴の科学――吉田武
2262 生命誕生――中沢弘基
2265 SFを実現する――田中浩也
2268 生命のからくり――中屋敷均
2269 認知症を知る――飯島裕一
2292 認知症の「真実」――東田勉
2359 ウイルスは生きている 中屋敷均
2370 明日、機械がヒトになる 海猫沢めろん
2384 ゲノム編集とは何か 小林雅一
2395 不要なクスリ 無用な手術 富家孝
2434 生命に部分はない――A・キンブレル 福岡伸一 訳

心理・精神医学

知的生活のヒント

日本語・日本文化

P